Eva Jaeggi
Psychologie und Alltag

SERIE PIPER
Band 689

Zu diesem Buch

Die bekannte Psychologin und Psychotherapeutin, Autorin des erfolgreichen Buches »Wenn Ehen älter werden« (gemeinsam mit Walter Hollstein), zeigt in dieser Aufsatzsammlung die Brauchbarkeit psychologischen Denkens bei der Bewältigung alltäglicher Probleme. Überall, sei es im Privaten – Familie, Freundschaft, Partnerschaft, Ehe, Sexualität, Erziehung –, aber auch im Verhältnis zur Arbeit (Mensch und Maschine, das »Workaholic«-Phänomen) erweist sich Psychologie als hilfreich, und das nicht als lebensfremde akademische Disziplin, sondern verbunden mit soziologischen und historischen Kategorien als praktische Wissenschaft vom Menschen. Dabei geht es Eva Jaeggi auch darum, die Fassade der Wissenschaftssprache zu durchbrechen und relativ einfache Tatbestände nicht durch »sprachliche Monstrositäten« zu verschleiern.

Eva Jaeggi, geboren 1934, aufgewachsen in Österreich. Studium der Psychologie, Philosophie und Geschichte in Wien. Promotion 1957. Praktisch arbeitende Psychologin, Therapeutin. Seit 1978 Professorin für Klinische Psychologie an der TU, Berlin.
Veröffentlichung im Piper Verlag: »Wenn Ehen älter werden« (zus. mit Walter Hollstein)

Eva Jaeggi

Psychologie
und
Alltag

Piper
München Zürich

ISBN 3-492-10689-7
Originalausgabe
November 1987
2. Auflage, 8.–11. Tausend August 1988
© R. Piper GmbH & Co. KG, München 1987
Umschlag: Federico Luci
Gesamtherstellung: Clausen & Bosse, Leck
Printed in Germany

Inhalt

1. Die Psychologisierung des Denkens

Die Psychologie hat sich in den letzten Jahrzehnten in Bücherschränken und günstigen Fernsehzeiten einen stabilen Platz erobert. Trotz abweisend-kritischer Haltung der Akademischen Psychologie* im allgemeinen gibt es doch immer mehr offensichtlich klar denkende Angehörige dieses Stan-

---

* Akademische Psychologie ist der allgemein gebräuchliche Ausdruck für diejenige Art von Psychologie, die an den Hochschulen gelehrt wird. Ein Großteil der akademischen Lehrer versteht sich als experimentell-naturwissenschaftlich orientierte Wissenschaftler, die vorwiegend mit statistischen Methoden arbeiten, während der geistes- und sozialwissenschaftlich denkende Psychologe meist als Außenseiter seines Faches angesehen wird.

Im zweiten Studienabschnitt muß ein(e) Student(in) der Psychologie ein Schwerpunktfach (demnächst: zwei) wählen. An den meisten Universitäten wird Klinische Psychologie gelehrt, was von sehr vielen Studenten als ein besonders berufsqualifizierendes Fach auch besonders oft gewählt wird. Gerade in diesem Fach finden sich relativ viele der sogenannten »Außenseiter«, da es in der praxisorientierten Klinischen Psychologie schwer ist, ein naturwissenschaftliches Wissenschaftsideal aufrechtzuerhalten.

Psychoanalyse wird an deutschen Universitäten im Fach Psychologie fast nie gelehrt. Dies geschieht nur in privaten Institutionen, wo Psychologen und Ärzte nach dem Studium zu Psychoanalytikern ausgebildet werden.

Klinische Psychologie ist diejenige Psychologie, die sich mit gestörtem (krankem) Verhalten befaßt. Sie untersucht Ursachen und Aufrechterhaltung, Korrektur und möglichst auch die Verhinderung von solchem Verhalten.

des, die sich nicht scheuen, die Ergebnisse ihres Denkens und Forschens einem interessierten Laienpublikum begreiflich zu machen. In den meisten Fällen sind dies allerdings nicht Psychologen der experimentell-statistisch eingestellten Fraktion (die übrigens selten lesbar schreibt und auch meist nicht viel zu sagen hat), sondern Außenseiter des akademischen Lebens.

Boshafte Reden über die Trivialität der Akademischen Psychologie sind leider oft nicht übertrieben. Mit lächerlichen Zitaten ließen sich viele Seiten füllen: hochgestochen formulierte Binsenwahrheiten, abstraktes Gewäsch ohne rechten Sinn oder verschwommene Halbwahrheiten. Journalisten freuen sich über leicht zu erstellende Sottisen, wenn sie Expertentreffen resümieren müssen. So hieß es vor kurzem in einer Tageszeitung im Bericht über eine Jugendenquête, die psychologischen Experten hätten übereinstimmend herausgefunden, daß die Jugendlichen a) jung und b) untereinander recht verschieden seien. Kommt man aus dem »Inneren« der Wissenschaft, kann man nur beschämt nicken: Ja, tatsächlich, so wird es wohl gewesen sein!

Es gibt rühmliche Ausnahmen. Norbert Bischof aus Zürich ist meiner Meinung nach eine davon. Eine Verbindung von Ethologie, Kybernetik, Mathematik und psychoanalytischen Überlegungen befähigt ihn, neuartige und interessante Fragen aufzuwerfen und nicht-triviale Lösungen zu finden. Doch auch historische Betrachtungen über die Wandelbarkeit des Psychischen sind geeignet, unsere psychologischen Kenntnisse über banales Alltagswissen hinaus zu erweitern (siehe dazu etwa Jüttemann, 1986: Geschichtlichkeit des Seelischen).

Welche Themen aber finden ihre interessierten Laienleser und warum überhaupt dieses gestiegene Interesse?

Die Themenvielfalt ist bekanntlich sehr groß: Erziehungsprobleme, Erklärung und Umgang mit psychischen Störungen, Partnerschaftsprobleme in allen Nuancen... Offensichtlich sind fast alle Lebensbereiche so kompliziert geworden, daß wir ohne vielfältige Anleitungen nicht mehr zurechtkommen. Dies aber ist ganz allgemein ein Kennzeichen traditionsloser Gesellschaften: Der Alltag kann nicht mehr mit überkommenen Normen und Verhaltensweisen gemeistert werden, wenn über Technisierung und Bürokratisierung hinaus die sogenannten »menschlichen« Probleme uns bedrängen. Wie man sich als Vater, Mutter, Ehemann, arbeitsloser Akademiker oder Mutter einer Magersüchtigen verhält, ist nicht klar vorgezeichnet, und niemand ist mehr bereit, sich irgendwelcher tradierter Rezepte der erfahrenen Älteren zu bedienen. Altes Wissen ist sogar verdächtig. Nur als Neuentdeckung, mit neuen wissenschaftlichen Argumentationsfiguren versehen, kann es manchmal wieder wichtig werden. So geschieht es zur Zeit zum Beispiel mit den Kenntnissen über die Wirkung von Heilkräutern.

Nicht nur große und metaphysische Probleme bedrängen den Intellektuellen von heute; er fragt sich ebenso, ob die neuen Formen des Jugendprotestes geeignet sind, zur Erhaltung des Friedens beizutragen, oder ob die Computerisierung seines Büros tatsächlich den Umgangston verändern wird.

Der Alltag der modernen Welt läuft nicht mehr automatisch; er läuft vor allem heute nicht mehr wie gestern.

Wo festgefügte Normen zu seiner Bewältigung nicht mehr gelten, muß immer wieder neu analysiert werden. Unser Analyseinventar jedoch ist meist außerordentlich primitiv, wenn Entscheidungen persönlicher Art zu fällen sind. Sie fallen dementsprechend irrational aus. Der Zukünftige unserer Tochter mißfällt uns seines ungepflegten Äußeren wegen, der Politik Gorbatschows wird plötzlich auch deshalb Vertrauen geschenkt, weil seine attraktive Frau westliche Haute-couture-Modelle trägt, und Eltern geraten beim ersten *joint* ihres Sohnes in Panik, weil dies ja bekanntlich die »Einstiegsdroge« zu Heroin ist. (Kommentar einer von Jugendlichen vielgelesenen Tageszeitung: »Hütet Euch vor den Bulettenessern, bekanntlich sind Buletten der Einstieg zum Verzehr kleiner Kinder!«)

All dies ruft offensichtlich nach besseren, nach rationaleren

Erklärungen. Der Alltag muß bestanden werden, und seine notdürftig zurechtgezimmerten Mythologeme bedeuten oft nur unbefriedigende Hilfe. Verwirrung ist an der Tagesordnung.

Warum aber sind gerade psychologische Erkenntnisse so wichtig geworden bei der Erklärung unseres Lebens? Dieses Phänomen nur mit dem Begriff »neue Innerlichkeit« fassen zu wollen bedeutet noch keine Erklärung; »neue Innerlichkeit«, sofern es sie überhaupt im behaupteten Ausmaß gibt, ist Symptom und nicht Ursache.

Der Vormarsch psychologischen Denkens bedeutet – halb Hoffnung, halb Resignation –, daß sehr viele Menschen nicht mehr an die Rationalität gesellschaftlicher Institutionen glauben, daß sie weder Heil noch Gerechtigkeit von bestimmten Staatsformen oder Traditionen erwarten. Vielmehr wächst der Anspruch an das Individuum: Es möge sich seiner eigenen Kräfte bewußt werden. Die Nahtstelle zwischen dem einzelnen und den gesellschaftlichen Institutionen wird daher meist mit besonderer Genauigkeit studiert, weil hier Potentiale vermutet werden, die das Individuum seiner gesellschaftlichen Anonymität und Machtlosigkeit entheben könnten.

Damit stehen wir in einer geistigen Tradition, die zumindest seit Beginn der Moderne eine Art »Pendelbewegung« zwischen Individuum und Gesellschaft ausführt. Immer, wenn der einzelne sich politisch machtlos fühlt (z. B. im restaurativen Klima Deutschlands nach dem Wiener Kongreß), werden, wie in der Spätromantik, die Seelenregungen des Menschen stärker beachtet. Jede revolutionär gestimmte Zeit aber verschiebt die Befassung mit dem Individuum auf die paradiesische utopische Zeit danach. Im Mini-Format können wir dieses Muster im zeitgenössischen Vergleich bei der Betrachtung der achtundsechziger und der achtziger Jahre wiedererkennen.

Vor dem Handeln steht in traditionsarmen Gesellschaften jeweils die Analyse. Daß die heutzutage am meisten gefragten Analysekategorien die des Individuums sind – also psychologische –, verdanken wir einem in bezug auf politische Revolution und gesellschaftliche Teilhabe relativ stagnierenden Bewußtsein. Die Vorstellung, daß wir Glück und Zufriedenheit in jedem Sinn (auch im politischen) erst über eine Aufklärung der je individuellen Bedürfnisse und Blockaden erreichen können, greift um sich.

Daß das Bedürfnis nach psychologisch differenzierten Erklärungsmustern steigt, kann man übrigens auch an der jüngeren Generation erkennen. Da wird mit dem Freund oft stundenlang um das Nähe-Distanz-Problem gerungen oder das problematische Verhältnis zu den Eltern zurückverfolgt bis in frühe Kindertage. Was die jetzt Vierzig- bis Sechzigjährigen (sofern sie überhaupt geistige Interessen hatten) in ihrer Jugend mit philosophischen, religiösen oder moralischen Kategorien zu erfassen suchten, wird heutzutage viel stärker psychologisiert. Viele Jugendliche erscheinen den Älteren denn auch erstaunlich frühreif, da sie selbst diese Art des Denkens ja erst vor zehn bis fünfzehn Jahren gelernt haben. Ich bezweifle hier allerdings eine wirklich sehr viel frühere Reife. Die reale Bewältigung von Berufs- und Beziehungsproblemen gestaltet sich trotz der verwendeten Psychokategorien nicht viel leichter als in früheren Generationen.

Die vorliegenden Aufsätze stellen einen Versuch dar, Überlegungen und Erklärungen der Humanwissenschaftler – vorwiegend der Psychologen – an alltäglichen Phänomenen auszuprobieren. Ein Teil dieser Aufsätze wurde für verschiedene spezifische Anlässe entworfen, der andere Teil für diesen Band neu geschrieben. Ganz bestimmt ist keines der Phänomene – sei es die Freundschaft, die Psychosprache oder die geistlose Art, in der die moderne Universität sich uns präsentiert – durch psychologische Kategorien allein adäquat zu erfassen. Jeder Aufsatz stellt nur mögliche Aspekte dar und müßte ergänzt werden durch historische, soziologische oder ethnologische Überlegungen. Wenn sie mir zugänglich waren, habe ich dies versucht. Es dominiert aber mein Fachgebiet, die Psychologie. Obwohl ich nicht Psychoanalytikerin im engeren Sinne bin (ich gehöre keiner diesbezüglichen Berufsgesellschaft an), bieten sich mir, je mehr ich versuche, den Alltag in seinen psychologischen Mechanismen zu verstehen, immer dringlicher psychoanalytische Kategorien an.

Ganz offensichtlich ist eine reine Bewußtseinspsychologie – also eine, die sich nicht mit den vielfältigen Formen *unbewußter* Motive und ihrer Abwehr befaßt – dazu ungeeignet. Wir sind so vielen irrationalen und »verrückten« Gedanken und Gefühlen ausgesetzt, daß wir zu ihrer Deutung eine »zweite Instanz« (die sich unserem bewußten Leben entzieht) brauchen, um nicht im Chaos zu versinken. Der »spiritus adversus« unserer Vernunft muß faßbar werden – und dies versuchen eben nur tiefenpsychologisch orientierte Psychologien. Dadurch wird immer wieder klar, wie unscharf die Grenze ist, die jeden Menschen vom sozusagen »offiziell Verrückten« und dessen Irrationalität trennt. Freud (sowie vor und nach ihm viele Menschenkenner) hat dies in aller Schärfe konstatiert, als er den Geheimnissen des Seelenlebens seiner Patienten auf die Spur kam.

Unser Alltagsbewußtsein ist durchzogen von unbewußten Regungen. Ob wir uns ärgern über den Telefonanrufbeantworter, ob wir am Wochenende in Depression versinken ohne unsere gewohnte Arbeit oder ob wir uns darüber wundern, warum wir zu unserer besten Freundin seit vielen Jahren ein ungetrübtes Verhältnis haben, während jeder mögliche Partner uns nach kurzer Zeit lästig wird: All dies ist nicht nur auf der rationalen Ebene zu klären. Deshalb scheitern letztlich auch all diejenigen Ratschläge, die nur an die Vernunft appellieren und nicht die Kraft unbewußter Motive einbeziehen. »Laß dich nicht gehen, wem nützt es, wenn du ihr (ihm) nachtrauerst, nichts ißt und allen anderen Absagen erteilst!« – Das ist zweifellos vernünftig gedacht. Daß ein wirklich trauriger vom Geliebten Verlassener sich solch merkwürdigen Vernunftratschlägen zugänglich gezeigt hätte, muß allerdings bezweifelt werden. Warum dies alles so schwierig ist, darauf möchte ich in einigen Aufsätzen Hinweise geben. Sie sind als Denkhilfen und

Anregung gedacht. Gewachsen auf dem Boden der Erfahrung mit vielen Menschen, meinen Freunden und Bekannten sowie meinen Patienten, sind sie – und nicht die Lektüre vieler Bücher – für mich das entscheidende Fundament. Einige Bücher habe ich zitiert, viele aber bleiben sicher deshalb unbenannt, weil sie in mein Denken so eingegangen sind, als wären sie mein eigenes. Ich bitte jene Autoren, die sich eventuell unzitiert hier wiederfinden, dies als Kompliment auffassen: Ich wollte sie sicher nicht bestehlen; ihre Gedanken sind mir nur so einleuchtend erschienen, daß sie irgendwann mein eigener Besitz geworden sind.

Da ich das Fach Psychologie als akademische Lehrerin vertrete, habe ich mich immer wieder auch mit meinem geistigen Berufsumfeld befaßt. Der Artikel über die »Schildbürgerstreiche« ist der konzentrierte Ausdruck meines Unbehagens über die Tatsache, daß wir in der offiziell unterstützten Forschung und Lehre so selten die »Fülle des Lebens« und die »Breite des Alltags« wiederfinden; er ist außerdem Zeichen meines Unbehagens, daß die wohl wichtigste und interessanteste Psychologie des 20. Jahrhunderts, die psychoanalytische, auf der akademischen Ebene so selten vertreten ist. Dieser Aufsatz ist vielleicht eher für Fachkollegen interessant – dennoch sollte er in diesem Band nicht fehlen, weil ich meine Einstellung zu meinem eigenen Berufsfeld klarlegen möchte.

Ich will – das habe ich wohl deutlich gemacht – aus dem bekannten Elfenbeinturm der Wissenschaft ausbrechen. Noch nie habe ich in jenem Turm besonders kostbare Schätze entdecken können, so daß ich annehme, die Kostbarkeit bezieht sich wohl nur auf das Material der äußeren Hülle.

Jeder, der an seelischen Phänomenen interessiert ist, kann an psychologischen Überlegungen teilhaben, wenn sie nicht in abstrakter Fachsprache verfaßt sind, sondern sich am Beobachtbaren, Einfühlbaren festmachen; wenn die Ebene erreicht ist, auf der jeder sich sagen kann: ach ja, das kenne ich...!

In diesem Sinne möchte ich die Aufsatzsammlung verstanden wissen. Sie ist geschrieben für alle, die an Innerpsychischem interessiert sind.

Die verwirrende äußere Welt verwickelt uns in mehr innere Schwierigkeiten als je zuvor. Wenn es mir gelungen ist, einigen Lesern diese inneren Schwierigkeiten faßbarer zu machen, dann habe ich mein Ziel erreicht.

Berlin, Dezember 1986   Eva Jaeggi

2. »Wo sich Herz zu Herzen findet ...« – Psychologische Notizen zur Freundschaft *

Für Irma

»Freundschaft ist die Subversion des kleinen Mannes«, sagte unlängst der syrische Schriftsteller Rafik Schamir in einem Radiointerview. Er betonte dies in Hinblick auf die Verhältnisse im Nahen Osten, wo durch diktatorisch verordnete Lebensformen und die damit verbundenen Gefahren private kleine Freundschaftsinseln benötigt werden zum physischen und geistig-seelischen Überleben.

In Diktaturen werden traditionellerweise alle Kräfte des Individuums beansprucht: Man wehrt sich im Privatbereich, wenn die offene politische Konfrontation todbringend sein kann. Die Freundschaftsinsel ist ein sehr wichtiger Bestandteil dieses privaten, individuellen Widerstandes.

Hat der Satz von Rafik Schamir andererseits auch für uns Gültigkeit? Haben wir Subversion überhaupt nötig – wir, die wir noch immer in relativ geordneten Verhältnissen relativ freie Lebensäußerungen wagen dürfen?

Natürlich: die Älteren denken oft mit leiser Wehmut an Kriegs- und Nachkriegsjahre, wo man angeblich »zusammenrückte«, Kummer und alte Brotreste teilte und wo sich im Luftschutzkeller gegenüber der Familie von nebenan freundschaftliche Gefühle einstellten.

Im Augenblick haben wir solches nicht nötig – und trotzdem

* Ich danke Herrn Dr. Peter Wiedemann und meinen Seminarteilnehmern für viele Anregungen.

scheint mir die Freundschaftskultur auf dem Vormarsch begriffen. Das Thema gewinnt an Raum. Frauenfreundschaften, Männerfreundschaften, Freundschaftsbeziehungen in Gruppen (aber sind das schon Freundschaften? – wohl eher stellen sie günstige Bedingungen für die Bildung einzelner Freundschaften dar): Sie alle werden mehr und mehr dokumentiert. Der äußere Feind ist hier allerdings nicht die Diktatur oder die Not, sondern die gesellschaftliche Anonymität.

Viele empfinden Kälte, leben auf einsamen Inseln, umgeben von nur-funktionalen Beziehungen. Allein die engste Familie sorgt für die lebenswichtige Wärme – aber: ach! wie leicht gerät auch hier alles aus dem Gleichgewicht. Der Partner beklagt sich über das ewige Einerlei des Alltags, die Kinder gehen aus dem Haus, und das ersehnte gemütliche Wochenende ertrinkt nur allzuoft in Alkohol, Arbeit oder in der Fernsehwelt.

Dagegen muß das Individuum mobilisiert werden. Die Familie (der Partner) wurde bald, wie wir von den Familiensoziologen immer wieder hören, durch die übergroßen Erwartungen überfordert. Freundschaften scheinen daher bessere Konjunktur zu haben.

Freundschaften werden, je nach gesellschaftlichen Vorstellungen, verschiedenartig ausgeformt. Die romantischen, an Liebesgeständnisse erinnernden Ergüsse der Sturm- und Drang-Zeit sind der Gegenpol zum karg-sentimentalen Männerfreundschaftston der NS-Zeit. Die Psychologisierung der heutigen Zeit macht auch vor der Freundschaft nicht halt; man gibt einander unter Umständen »feedback« wie im Psycho-Workshop und stellt sich die Frage, was man »eigentlich voneinander will«. Ob sich die Freundschaftsbedürfnisse damit auch inhaltlich geändert haben, ist nicht ganz durchsichtig.

Eine wichtige Rolle spielte Freundschaft schon immer. Bereits in der Antike wurde ihr große Aufmerksamkeit geschenkt – sie wurde aber weniger als psychologisches denn als kosmologisches und politisches Prinzip analysiert. Die Vorsokratiker zum Beispiel verwendeten das Wort »Freundschaft« für jenen kosmischen Zustand, in dem die Gegensätze der Elemente versöhnt und aufgehoben werden in ein geordnetes höheres Ganzes. (In Goethes »Wahlverwandtschaften« finden wir in der freundschaftlichen Paarbildung noch einen Abglanz jener Analogisierung chemischer und psychologischer Prozesse.)

Platon und Aristoteles verknüpfen Freundschaft als eine der Grundtugenden mit ihren Forderungen nach Gerechtigkeit in der Polis. Die Institution der Freundschaft gewährleistet das gerechte Funktionieren des Staatswesens, weshalb Aristoteles sich mit vielfältigen Formen dieser menschlichen Verbindungen, deren Kennzeichen »Aufgeschlossenheit und bedingungsloses Vertrauen« sind, befaßt – so der Jugendfreundschaft, der Gastfreundschaft, der politischen Freundschaft.

Das Mittelalter wiederum betrachtet Freundschaft unter metaphysischem Aspekt, wobei bei vielen Philosophen vor allem die Abgrenzung zur sinnlichen (irdischen) Liebe im Vordergrund steht. Freundschaft gerät so in die Nähe der Gottesliebe.

Die Aufklärung sieht in der Freundschaft als »vernunftbetonter Beziehungsform«, der es glücklicherweise an Irrationalität der Leidenschaft ermangelt, einen hohen moralischen Wert.

Psychologische und soziologische Betrachtungsweisen der Freundschaft finden wir erst seit der Romantik. Freundschaft wird nun herausgelöst aus der idealisierenden Betrachtung und auf psychologische und soziologische Bedingungen hin analysiert. Schopenhauer, Nietzsche und Kierkegaard unterscheiden Abstufungen von Freundschaft, die sich – wie bei Kierkegaard – in »höhere« und »niedrige« Formen unterteilen. Die »ästhetische Freundschaft«, als schwärmerischer Wunsch, und die Tendenz, »über das Ganze gemeinsam zu lachen«, werden als »unernste« Freundschaftsform der untersten Stufe gebrandmarkt. Die »ethische Freundschaft« hingegen erringt durch ihr Streben nach Bewußtheit die höchste Stufe von Sein und Wirklichkeit. Solche Freundschaften transzendieren das Stadium der »Schwärmerei« und finden sich in der ethischen Aufgabe, »einander offenbar zu werden«.

Moderne Soziologen haben die Funktion der Freundschaft als Stabilisierungsmoment in unsicheren Zeiten gekennzeichnet. Georg Simmel betont die wachsende Differenziertheit der verschiedenen Freundschaftsformen gemäß der wachsenden Individualität. Während zu Zeiten Emersons der »wahre Freund« fast so unersetzbar war wie der (die) Geliebte, können die Freundschaftsfunktionen jetzt bis zu einem gewissen Grade ersetzt werden. Dies bedeutet, daß Freundschaft nicht mehr die »ganze Person« erfaßt, sondern daß man jeweils unterschiedliche Seiten in verschiedenen Freundschaften verwirklichen kann. Man hat auch in Freundschaften seine »Reserven«; Diskretion wird zu einem wichtigen Kriterium der Freundschaft (Philosophisches Wörterbuch, Kröner, Stuttgart 1965). Unter Psychologen aber ist die Betrachtung der Freundschaft noch immer ein Stiefkind, obwohl es so aussieht, als wachse ihre Bedeutung für die Lebensbewältigung.

Tradierte Formen der Freundschaft allerdings scheinen sich zu ändern. Besonders interessant ist die Veränderung des Klischees der Frauenfreundschaft – im Zuge feministischer Selbstdarstellungen finden wir hier besonders viele Zeugnisse. Die verlogene, heimlich rivalisierende »Damenkränzchen«-Freundschaft mit Klagen über Dienstboten und bösartigem Getratsch über andere (während man sich selbst mitsamt seiner Familie fehlerlos erstrahlen läßt) ist vorbei, zumindest ist das Klischee darüber nicht mehr erlaubt. Frauenfreundschaften erscheinen nun – und vielleicht ist auch dies nur ein Klischee – als beneidenswerte Möglichkeit der Selbstfindung. Offenheit und Selbstenthüllung gelten als Ideal. Die Panzerung gegen den – ach so schwierigen – Partner ist in den Gesprächen oft sehr wichtig. Psychologische, meist psychoanalytische Kategorien dominieren. Aber auch die immer wichtiger werdende berufliche Sphäre der Frauen gerät langsam ins Blickfeld. Vor einiger Zeit ist eine Zeit-Redakteurin einer Reihe von sehr guten

Frauenfreundschaften nachgegangen. Dabei zeigte sich, daß bei vielen dieser Freundschaften gerade die gegenseitige berufliche Anregung als besonders wichtig angesehen wurde. Frauenfreundschaften erfahren gegenüber den nur-rationalen Männerfreundschaften häufig eine Idealisierung. Analog dazu wird in einigen Kreisen die »Männerfreundschaft« propagiert und ausprobiert. Auch wenn Klischee und Realität sich nicht genau entsprechen, so weist doch das Klischee zumindest in eine ersehnte Richtung. Eine wichtige Funktion der Freundschaft ist dabei oft die – direkte oder indirekte – Entlastung der Partnerschaft.

Die immer wiederkehrenden Erfahrungen mit der scheiternden Partnerschaft sind wichtiges Gesprächsthema: Die Geliebten (Ehefrauen/-männer) wechseln, aber der »gute alte Erwin« (die »gute alte Else«) ist noch immer da. Er/sie hört nun schon zum xten Mal geduldig an, warum das ganze nicht klappen konnte: weil man nämlich immer solch fatale Neigung zu narzißtischen Neurotikern hat oder zu dominierenden Frauen...

Die Zerstörung der Partnerschaftsillusion geht immer häufiger Hand in Hand mit einer Aufwertung der Freundschaft – und dies betrifft, so scheint es, beide Geschlechter ebenso wie, erfreulicherweise, die Freundschaften zwischen den Geschlechtern.

Was genau Freundschaft ist, läßt sich letztlich wohl ebenso schwer definieren wie Liebe. Zwar finden wir literarische Beispiele für Freundestreue, für langjährige und wohltuende Freundschaftsbeziehungen. Und seufzend konstatieren wir, wenn Partnerschaftskonflikte uns plagen, immer wieder einmal, wie schön es wäre, wenn unsere Partnerbeziehungen ebenso wenig Anlaß zu Klagen gäben wie manche unserer Freundschaften.

Was aber unterscheidet die Liebe von der Freundschaft? Nicht die sexuelle Anziehung – es gibt Partnerschaften mit vergleichsweise geringem sexuellen Anteil. Der erotische Teil der Freundschaft darf andererseits nicht zu hoch sein, da er sonst nur allzuleicht derselben Dynamik verfällt wie die Liebe.

Theodor Reik versucht in einem sehr differenzierten Aufsatz über die romantische Liebe einige der Bedingungen herauszustellen, die zu jenem »Blitzschlag« der Verliebtheit führen. Eine davon ist, wie er meint, zuerst einmal eine unterschwellige Unzufriedenheit mit der eigenen Person. Der andere scheint plötzlich alles zu verkörpern, was man an sich selbst vermißt. Der leise Neid, der sich darob einstellt, wird schnell überbrückt, indem man versucht, den anderen zu gewinnen – sozusagen zu einem Teil des eigenen Ich zu machen. Weil, wie Reik meint, unausweichlich dieser aggressive Neid am Beginn einer neuen Liebe steht, beginnt die Liebe auch häufig mit einem aggressiven Beigeschmack. Sowohl das Leben wie auch die Literatur warten hier mit vielen Beispielen im Stile von »Der Widerspenstigen Zähmung« auf. Anders, so zeigt uns die Erfahrung, beginnt die Freundschaft. Sie kommt meist auf leisen Sohlen und kann in jeder Lebenslage beginnen. Beginnen? Eben das unterscheidet sie von der Liebe: Fast nie beginnt sie plötzlich. Der »coup de foudre« ist nur der Liebe vorbehalten; die Freundschaft entwickelt sich. Natürlich – da gibt es Vorbedingungen: etwa ähnliche Interessen; oder eine gleiche Wellenlänge für Humor; ein wenig mag mitspielen an körperlicher Attraktion – ist davon aber zuviel vorhanden, dann gerät die Freundschaft, wie angedeutet, schon in gefährlichere Gewässer. Oft bemerkt man die Freundschaft zu Beginn nicht. Man ist nicht bewegt, umgerissen, verwandelt – und trotzdem sind es gerade auch unsere Freundschaften, die unser Lebensgefühl in tiefgreifender Weise beeinflussen.

Reik sieht am Grunde jeder tiefen Beziehung versteckten Neid, Konkurrenz. Die Liebe überwindet diesen Zustand durch die totale Identifizierung; man wird sozusagen ein »Teil« des (der) Geliebten. In der Freundschaft, so meint Reik, werden nur einzelne Eigenschaften des anderen gewünscht und geschätzt. Auch hier steht ein gewisser Neid am Beginn der Beziehung – er wird aber nicht so total verdrängt wie in der Liebe, weshalb Konkurrenz und Rivalität durchaus ein Ingrediens der Freundschaft sein können. Die hervorragenden Eigenschaften des Freundes werden zwar gelobt, und man kann sogar stolz drauf sein – allzu groß darf seine Überlegenheit jedoch nicht sein. Leicht tritt die Ambivalenz der Beziehung an die Oberfläche: La Rochefoucauld hat daher boshaft-treffend bemerkt, daß am Unglück unserer Freunde etwas sei, das uns nicht unbedingt mißfällt. Eine der wichtigsten Leistungen der Freundschaft besteht deshalb in der Toleranz gegenüber jener Ambivalenz. Auch sie fällt leichter als in Liebesbeziehungen.

Wenn also – wie Reik meint – am Beginn der Liebe ein Ungenügen an der eigenen Person steht, so können viele Freundschaften in einer allgemeinen Unzufriedenheit mit den familiären und beruflichen Lebensumständen gründen.

Das hohe Glück der Verliebtheit läßt den Wert der Freundschaft verblassen, während eine gute und verläßliche Freundschaftsbeziehung noch niemanden daran gehindert hat, sich zu verlieben. Häufig ist eine neue Liebe sogar mit Vernachlässigung der alten Freunde verbunden; man kann von Glück sagen, wenn diese nach dem Nachlassen des ersten Zaubers noch da sind – meist sind sie es!

Jede menschliche Beziehung wie Freundschaft und Liebe erweist ihre Tiefendimension erst in »Bewährungsproben«, weil es zu beidem dazugehört, daß man sich von seiner schwachen und kümmerlichen Seite zeigen darf. Eine Bewährungsprobe stellen natürlich in erster Linie schwere Schicksalsschläge dar. Meist aber sind diese leichter zu bestehen als die subtilen, unmerklichen Widrigkeiten. Hier geht es um innere Konstellationen: Ist mein Freund (Geliebter) meinen Launen gewachsen? Erträgt er mich auch dann noch, wenn ich meine hypochondrischen Magen- und Herzbeschwerden habe? Kann ich ihm meine übelwollenden Gedanken über andere anvertrauen? Das sind die entscheidenderen, doch schwerer zu bestehenden Bewährungsproben. Jemandem in großem und dramatischem Kummer beizustehen ist für die meisten Menschen nicht so schwierig: Es erhöht das eigene Selbstgefühl. Gegenüber der Trauer und Not des anderen ist man plötzlich stark und kann aus dieser Position heraus großzügig trösten und geben. Nietzsche nennt deshalb als Kennzeichen der wahren Freundschaft das Überwiegen von »Mitfreude« und nicht von »Mitleid«.

Die subtilen Schwierigkeiten jedoch erfordern mehr: Einfühlung, Toleranz und ein Beiseite-Lassen der eigenen Bedürfnisse. Gerade darauf kommt es an, wenn jemand wissen will, ob man ihn so mag, wie er »wirklich« ist.

Warum sind diese Bewährungsproben in der Freundschaft offensichtlich leichter zu bestehen als in der Partnerschaft? Ich denke, daß wir es hier mit einem Mechanismus zu tun haben, dessen Wurzeln in sehr frühe Kindertage reichen. Ausgehen müssen wir dabei von der Bereitschaft jedes Menschen, wichtige Beziehungsmuster von früher auch im Erwachsenenleben zu »wiederholen« – selbst dann, wenn die Ähnlichkeit der dafür zur Verfügung stehenden Personen nur ziemlich gering ist. Der Grad psychischer Gesundheit ist unter anderem auch daran abzulesen, inwiefern einer mit seinen »erwachsenen« Partnern auch unabhängig von diesen alten Mustern verkehren kann, wodurch er im Laufe der Zeit flexiblere Verhaltensformen entwickelt. Je wichtiger allerdings ein Mensch für uns ist, desto leichter geraten wir in den Sog der Vergangenheit, wo wir noch ganz abhängig waren von unseren ersten Bezugspersonen. Der Intimpartner gerät daher gefühlsmäßig meist rasch in eine Position, die dem Liebenden von früher her vertraut ist: Er erwartet vom Partner Verwöhnung und Bewunderung, wenn ihm diese früher in hohem Maße zuteil geworden sind, oder er ist bereit, den anderen zu verwöhnen, wenn dies von ihm einstmals gefordert wurde. Viele Schwierigkeiten mit dem Partner beruhen auf diesen »Projektionen«: wenn nämlich der andere diesem Bild nicht ganz entspricht oder sich im Laufe der Zeit dagegen wehrt. All das spielt sich meist nicht auf einer bewußten Ebene ab. Die bewußten Streitanlässe – oft banal – sind dieser unbewußten Dynamik nur »aufgesetzt«.

Freundschaften nun sind, wie es ihrem »leisen« Beginn entspricht, etwas weniger vom »Sog der Vergangenheit« gefährdet, weil sie zumindest am Beginn nicht mit allzu überhöhten Erwartungen befrachtet werden; dadurch wird mehr Distanz, mehr Flexibilität ermöglicht, und auch die »Bewährungsproben« erhalten nicht solch drängende und bedrohliche Qualität.

Die Bewährungsproben unter Liebenden erscheinen – da aufgeladen mit den projizierten Hoffnungen und Nöten der Kindheit – lebenswichtig, total. Die damit verknüpften Erlebnisse haben Ähnlichkeit mit der Wut und der Verzweiflung des Kindes, wenn es sich mißverstanden, gedemütigt oder nicht beachtet fühlt. Die Bewährungsproben unter Freunden dagegen sind – wenngleich wichtig – eine Art »Probelauf«, ein sehr viel lockererer und spielerischerer Versuch, die Zumutbarkeit der eigenen Person zu testen. In beiden Beziehungsformen gelingen die subtilen Bewährungsproben recht oft *nicht* zur vollen Zufriedenheit (wer wird schließlich schon dauernd akzeptiert?), was in Partnerschaften eben häufig Unzufriedenheit, Ärger, Streit oder wortlosen Rückzug zur Folge hat. Die emotionale (und meist auch räumliche) Nähe schafft dichte Folgen von Bewährungsproben und macht es schwierig, den negativen Konsequenzen auszuweichen.

Anders in der Freundschaft: Die Bewährungsprobe wird nicht so leicht überstrapaziert; schlechte Erfahrungen werden zwar auch durch emotionalen Rückzug (Ärger, Krach…) beantwortet, aber anders als bei der Partnerschaft kann hier alles Negative, aller Zorn besser »verrauchen«. Man ist nicht in kleinkindhafter Art an den anderen gekettet; nicht sofort und immer wieder von neuem muß er provoziert werden. Das schafft Distanz und gibt der Seele Gelegenheit, kleinere Reibereien mit dem Freund in wohltuender Weise wieder zu vergessen oder zu verarbeiten.

Diese Möglichkeit der Verarbeitung ist es, die die seelische Entwicklung fördert, Abstand zur eigenen Person und damit eine Erweiterung des Reflexionsraumes schafft. Den Menschen, die keine wirklichen Freunde haben, entgeht diese nicht immer ganz bequeme Möglichkeit. Durch die Vermeidung guter Freundschaftsbeziehungen gehen sie der Gefahr von Kränkung und Ärger aus dem Wege. Jüngere »freundschaftsscheue« Menschen suchen dann in idealisierender Partnerschaft (»ich lebe für die Liebe«) menschliche Nähe und geben sich immer wieder von neuem der Illusion hin, diesmal sei es nun endgültig »das Richtige«. Deshalb würde ich jedem Menschen, der sich an einen Partner binden will, raten, sich dessen Freundschaften genau anzusehen. Fehlen sie, ist oft Gefahr im Verzug! Es gibt auch ältere Menschen, die – vollkommen gebunden in der Ehe – zu wirklicher Freundschaft unfähig sind. Oft sind es symbiotisch lebende (und dadurch recht uninteressante) Menschen, die nur in der – neurotischen – Sicherheit ihrer luftzuggeschützten Beziehung *über*leben, aber wenig *er*leben. Lebendige Freundschaften machen offener, lebenszugewandter. Dieses erweist sich allerdings erst im Laufe der Zeit.

Was sind die wichtigsten Motive der Freundschaft? Sie zu definieren fällt schwer – sie sind so unterschiedlich wie die menschlichen Bedürfnisse. Ähnlich wie bei der Partnerschaft sucht man sich Freunde aus, die den eigenen Bedürfnissen entgegenkommen. Hat man sich über sie allzu große Illusionen gemacht, dann gehen solch illusionäre Freundschaften sehr viel weniger dramatisch zuende, als es bei Partnerschaften der Fall ist. Brüche von Freundschaften lassen meist nicht dieselben Wunden zurück wie Partnerschaftstrennungen; man gleicht nachher auch nicht in derselben Weise dem sprichwörtlichen »gebrannten Kind«. All dies führt dazu, daß in den Freundschaften reiferer Menschen ein bestimmtes Element sehr viel häufiger anzutreffen ist als in Partnerschaften: das Element der ungestraften Widersächlichkeit. Freunde dürfen öfter ungestraft kritisieren, anderer Meinung sein, provozieren. Dies wird zwar nicht immer als angenehm empfunden – doch sucht man den Freund als »Widersacher« immer wieder auf, weil man dadurch sehr viel für sich selbst profitieren kann. Die berühmten literarischen Figuren Don Camillo und Peppone verdanken diesem Element der »Widersächlichkeit« ihren Reiz. Sie verkörpern eine wichtige Form der Freundschaft, in der die gegenseitige Kritik nie zur gänzlichen Negierung des anderen führt, jeder aber durch den Feindfreund immer wieder auf seine Defizite aufmerksam gemacht wird. Die Tatsache, daß man »trotz allem...« geliebt wird, ist ein wichtiger Faktor gerade beim »widersächlichen« Freund.

Natürlich gibt es auch andersartige Bedürfnisse, die bei der Freundschaft Pate stehen: »ein Herz und eine Seele« zu sein, zum Beispiel, oder bewundert zu werden. Überwiegen diese mehr harmonisierend-symbiotischen Anteile, dann liegt allerdings die Gefahr der Infantilisierung und damit der Langeweile nahe. So wie Partnerschaften im Harmoniebedürfnis ersticken können, sind auch solche Freundschaften gefährdet: Sie trocknen aus und enden im Zerrbild des »guten, alten Freundes«, der zwar zu jedem Fest eingeladen ist, jedoch nie als wirkliche Erweiterung und Belebung empfunden wird. Trotzdem: Auch diese Art von Freundschaft kann wichtig sein – sie dient der Aufrechterhaltung von Kontinuität der Person. Man findet sich in der gemeinsamen Geschichte, den gemeinsamen Bekannten.

Die Bedürfnisse variieren freilich mit dem Lebensalter. In der Pubertät steht die gemeinsame Entdeckung der Welt im Vordergrund; Bewunderung und Einssein sind wichtige Motive. Später kommen – ähnlich der Partnerschaft, aber eben doch wiederum moderiert – reifere Möglichkeiten dazu: die Auseinandersetzung, das Akzeptieren des Andersseins. Welchen Bedürfnissen auch immer die Freundschaft dienen mag – den unreifen nach Harmonie und Bewunderung oder den reiferen nach Auseinandersetzung und Abgrenzung –, die Gefahren jeder einzelnen Freundschaftsform sind nicht so bedrängend und akut wie die Gefahren spezifischer Partnerschaftsformen. Infolge der weniger heftigen Projektionen (also: der realitätsgerechteren Einstellung zum anderen) entsteht bei Freundschaftsunwettern nur unruhige See, wo in der Partnerschaft stürmischer Wellengang das Schiff zum Untergang bringen kann. Das heißt andererseits auch: Im Schutz der Freundschaft kann mehr ausprobiert werden an eigenen Möglichkeiten, man wagt ein flexibleres Verhalten als beim Intimpartner. Man »darf« auch mehrere Freunde haben, und anders als bei der Partnerschaft wird es meist auch nicht sanktioniert, wenn man mehrere einander ergänzende Freundschaften hat. (Wo dies mit eifersüchtigen Abbruchsdrohungen geahndet wird, ist der Freundschaftsraum schon verlassen!)

Auch steht die Lösung von Freundschaftsproblemen meist nicht unter demselben Druck von Angst und Ungeduld, wie es bei Partnerschaften der Fall ist. Die damit gewonnene Distanz läßt sozial wichtige Verhaltensweisen entstehen: Geduld, die Möglichkeit zur Verzeihung. In der Freundschaft ist es weniger schmerzlich, den »Balken im eigenen Auge« wahrzunehmen.

Langjährigen, wirklich guten Freundschaften scheint manchmal das Zauberkunststück des »hölzernen Eisens«, der Quadratur des Kreises geglückt zu sein: In ihnen paart sich die traute Intimität des familiären Lebens mit dem Interesse, das man dem Fremden entgegenbringt. Gerade der »Freund als Widersacher« verkörpert dieses Element besonders stark, und es ist sicher nicht übertrieben, wenn man solchen Freundschaften einen ganz besonderen Reifegrad zuerkennt.

Wenn aber gar langjährige Partnerschaften jenes reife, freundschaftliche Element in sich entfalten können, haben sie vermutlich das größte Kunststück in der Beziehungswelt erreicht, das überhaupt möglich ist. Es ist so selten und kostbar wie die schwarze Perle in der Auster.

3. Eheliche Sexualität –
Die Quadratur des Kreises?

Es gibt einige Umfragen über das Intimleben der Deutschen, denen zufolge herrscht Zufriedenheit in vielen ehelichen Schlafzimmern: Der Partner wird als attraktiv empfunden, Sex findet genügend oft und in befriedigender Weise statt etc. Als Psychotherapeutin und Tiefeninterviewerin sehr vieler Ehepaare (»Wenn Ehen älter werden«, Piper-Verlag, 1985) bin ich überrascht über diese Ergebnisse: Sollte man immer an die »Falschen« geraten sein? Oder sind die der Psychotherapie Bedürftigen eben bedauernswerte Ausnahmefälle? Denn was ich (zusammen mit meinem Kollegen Hollstein) bei den Recherchen erfuhr, klang beileibe nicht immer nach glücklich erregendem Sex. Allerdings wurden solche (oft sehr lange dauernden) Interviews häufig eingeleitet mit allgemeinen Zufriedenheitskundgebungen: Ja, alles klappe gut, man könne zufrieden sein; es gehe einem sicher nicht schlechter als anderen Paaren..., worauf dann oft jener resignativ-wehmütige Seufzer ertönte: »Na ja, nach zehn (fünfzehn, zwanzig) Jahren können Sie aber auch nicht soviel verlangen, da hängt eben der Himmel nicht mehr voller Geigen.«

Dieser Satz ist so allgemein und trivial, daß man die Feststellung der Tatsache selbst als Erklärung mißversteht. Sex nutzt sich ab – das weiß jeder. Warum aber ist dies so, da sich doch die hormonellen Bedingungen nicht im gleichen Tempo verändern und außerdem die sexuelle Erregbarkeit offenbar nicht in harmonischer Relation zu der im Alter langsam abnehmenden Sexualhormonproduktion steht?

Daß viele Paare angeben, bei ihnen funktioniere alles »ganz gut« (besonders Frauen in ihrer meist größeren Angst vor Autonomie sind oft Meisterinnen im Verleugnen), beruht neben der bewußten Scham auch auf der Verwechslung von orgastischem Funktionieren und dem, was Wilhelm Reich die »volle Liebesfähigkeit« genannt hat. Als solche bezeichnet er die Einbeziehung des ganzen Körpers in den Liebesakt, die Erregung aller Sinne und die Fähigkeit zum vollen Kontrollverlust. Wie selten diese Form von sexueller Begegnung auch bei nichtverheirateten Paaren ist, steht allerdings auf einem anderen Blatt.

Erlebnisse und Erfahrungen, die erst ausgeplaudert werden, wenn man seinen Interviewpartner (Klienten) gut kennt und wenn sich ein Vertrauensverhältnis gebildet hat, lassen dann tatsächlich ein anderes Bild der ehelichen Sexualität entstehen. »Es gehört irgendwie dazu. Ich habe Willi ja wirklich recht gerne, wir wollen uns nie trennen, hoffe ich ... aber Sex mit ihm mache ich fast nie aus einem wirklichen Begehren heraus, es ist halt so ein Ablauf. Eigentlich macht mir das Onanieren mehr Lust, in meinen Fantasien ist alles so lebendig.« Oder der Ehemann einer 45jährigen Frau, die ihre eheliche Sexualität als befriedigend schildert, vertraut uns an: »Ich tue es, weil sie das will. Irgendwie stehe ich immer daneben. Was Sex wirklich ist, weiß ich erst, seit ich nach 20jähriger Ehe eine Freundin habe. Ich finde aber meine Frau sonst wirklich ganz toll – ein ganz fabelhafter Charakter. Ich hoffe, daß sie nichts erfährt von meinem Verhältnis.«

Immer wieder einmal fanden wir Paare in den mittleren, den »besten« Jahren, deren Sexualleben sich auf ein- bis zweimal pro Jahr beschränkte oder ganz erloschen war. Oft wurde übrigens das »zwei-mal-pro-Woche«-Ritual als so trostlos beschrieben, daß wir das Gefühl bekamen, daß »zwei-mal-jährlich« manchmal die bessere und interessantere Lösung ist.

Der Psychologieprofessor Norbert Bischof hat in einem dickleibigen Werk über Intimität und Autonomie (»Das Rätsel Ödipus«, Piper, 1985) Befunde aus dem Tierreich, aus dem

Vergleich unterschiedlicher Kulturen, aus der Psychoanalyse und aus der experimentellen Psychologie zusammengetragen, die auch für das Thema der ehelichen Sexualität von Relevanz sind. Ihm zufolge ist die wirklich große, lustvolle Erregung immer eher an das »Fremde« als an das »Vertraute« geknüpft. Dies hat, wie Bischof glaubhaft nachweist, eine wichtige Funktion sowohl für die Art-Selektion als auch für die persönliche Entwicklung. Bestätigt wird es durch viele von ihm erhobene Befunde aus dem Tierreich, aus der Erforschung verschiedener Heiratsrituale, aus medizinischen Untersuchungen und ähnlichem mehr. Auch viele alte Märchen koppeln die sexuelle Begierde immer wieder mit dem Unvertrauten.

Ehe und Familie aber sind genau das Gegenteil – und auch das braucht ein Mensch sehr nötig: Intimität, Geborgenheit, Sichgehenlassen. Alle von uns befragten Paare gaben immer wieder als eines der zentralen Motive für den Wunsch nach Zusammenbleiben auch bei schwereren Krisen an, daß sie dieses »Intime«, dieses »Alltägliche« nötig und gerne hätten. Andererseits brauchen aber die meisten Menschen auch: Neues, Gefahr, Erregung, Unvertrautes. Dadurch kann und muß man sich immer wieder einmal bestätigen, wer man denn eigentlich ist, was man kann, wieviel Kräfte in einem stecken. Besonders Jugendliche haben diese Ungewißheit und das Wagnis in besonderer Weise nötig, denn sie haben sich ja noch nicht als eigenständige Personen bestätigen können. Ganz besonders wichtig ist für sie das »Fremde« zur Entwicklung eines reichen Sexuallebens. Die Sandkastenfreundin ist wenig interessant, und auch die alte Schulkollegin wird, wenngleich man sie »nett« findet, ein wenig fad.

Das ewige Muttersöhnchen oder das artige Nesthäkchen, die sich nie den Wind um die Nase wehen lassen und übergangslos von Muttis Küche in das brave Eigenheim schlüpfen (wennmöglich ist das Ehegespons noch Nachbars Kind): Diese sind meist ein wenig langweilige und wenig differenzierte Menschen und werden oft auch für ihre Partner sehr schnell unattraktiv.

Sie hatten keine Gelegenheit, Konturen zu gewinnen, eigene und interessante Persönlichkeiten zu werden, indem sie sich dem erregenden »Fremden« aussetzten. Und dieses Erregende besteht zu einem Großteil eben auch aus dem »erregend Sexuellen«.

Diese beiden Daseinsnotwendigkeiten – Intimität und Fremdes – machen, so scheint es, die eheliche Sexualität zu einem Problem. Denn: Sexualität braucht, um stark zu sein, das Unvertraute, das Fremde. Triebimpulse kommen eben nicht nur »von innen«, sondern sie werden durch Außenreize ausgelöst. Wenn diese neu sind, steigt der Hormonspiegel fast immer stärker an als bei vertrauten Reizen. Intimität aber – die zweite notwendige Dimension unseres Lebens – hemmt das Ansteigen von Sexualität. Im intimen Raum soll ja eigentlich nichts »Neues« und »Unvertrautes« ausprobiert werden; dort wird Schutz und Geborgenheit vermittelt. Andererseits aber wollen die Partner einander auch nicht immer wieder verlieren an eine neue und erregende Außenwelt; also versuchen sie jahrelang, das »hölzerne Eisen« einer erregenden und dennoch vertrauten Sexualität herzustellen.

Öfter wurde uns von Paaren berichtet, daß sie sich voreinander im Sexuellen eigentlich mehr »schämen« als vor fremden Partnern. Die immer wieder von Eheberatern beklagte Sprachlosigkeit der Paare über sexuelle Themen hat nicht nur etwas mit sexueller Verklemmtheit aus Kindertagen zu tun. Sie ist oft das seltsame Zeichen dafür, daß gerade der Vertrauteste nicht unbedingt zum Zeugen der entgrenzenden und auch entfremdenden Ekstase gemacht werden soll. Es ist (oft) so, als sagte jemand: Das steht meinem Partner nicht zu; diese Wildheit, dieses Anderssein gehört nicht zur Welt des »Daheim«, sondern zu derjenigen der »Fremde«.

Lernt man Paare qua Psycho- oder Ehetherapie sehr gut kennen, dann bewahrheitet sich erstaunlich oft das Muster der Vater- bzw. Mutterprojektion auf den Partner. Kaum ist der Zustand intimer routinierter Häuslichkeit mit seinen Begleiterscheinungen von Vertrautheit und Intimität entstanden, schnappt bei manchen Menschen eine Art »Falle« zu: Der (die) Partner(in) wird, ähnlich dem Vater (der Mutter) entsexualisiert – unabhängig von der realen sexuellen Attraktivität des anderen und uneingedenk der Tatsache, daß man vor nicht allzulanger Zeit ihn (sie) als sinnlich erregend erlebt hat. Allzuviel erinnert offenbar an die Kindheitssituation.

Manchmal wird der Partner nur im sexuellen Bereich als Mutter-Vater-Figur fantasiert, oft aber reichen die Projektionen weiter. »Du bist wie meine Mutter (Vater)« ist daher ein beliebtes psychologisches Abwertungsspiel auch unter gebildeten Paaren. Natürlich läßt sich nicht leugnen, daß im Zusammenleben einiges an jene sexuell tabuisierten Personen erinnert: Sie legen der persönlichen Freiheit Beschränkungen auf, sind beleidigt bei Nichtbeachtung oder machen einen mit ihren dauernden Fragen nach dem Befinden nervös.

Bei einem der von uns für das Ehebuch befragten Paare, dessen Sexualität recht schwach entwickelt war, gab der Ehemann an, er empfände seine Frau zwar als hübsch und attraktiv, aber »mehr wie eine Schwester – ich wundere mich selbst darüber«.

Noch Krasseres berichtete ein Therapeut in einer Supervisionsgruppe: Der Ehemann einer besonders hübschen Frau fühlte sich bei ihr unfähig zu ehelichem Sex. Als er eines Tages ganz in Gedanken versunken die Straße entlangging, durchfuhr ihn beim Anblick einer erotisch besonders aufregenden Frau, die auf ihn zukam, eine Art Stromstoß. »O là là, mit *der* möchte man gerne mal . . .« war sein blitzschneller Gedanke, bevor ihm klar wurde, daß seine eigene Ehefrau auf ihn zusteuerte. Hier erkennen wir in schon recht neurotischer Form das Grundproblem vieler Paare.

Bischof sieht daher im Zustandekommen und Aufrechterhalten der Partnerschaft als »coincidentia oppositorum« eine entscheidende Aufgabe: »Wie das uralte Symbol des Tao, die Vereinigung von Yin und Yang, zum Ausdruck bringt, geht es bei dieser großen Lebensaufgabe der psychischen Alchimie um eine Synthese – die Synthese von Fremdheit und Vertrautheit, von Erregung und Sicherheit, von Intimität und Autonomie.« (S. 497)

Der Bereich der Sexualität scheint – allen Beobachtungen zufolge – besonders bedroht und bedrohlich durch jenen dauernden Balanceakt. Es stimmt daher ganz sicher nicht, daß eine gute eheliche Sexualität einfach der Ausdruck einer guten und vertrauensvollen Beziehung ist. Die Verhältnisse sind sehr viel verwickelter und verwirrender.

Sexualität ist durch viele Faktoren störbar – nicht nur durch ein persönliches Auseinanderleben. Erstaunlicherweise sind sexuell glückliche Paare (und auch die gibt es!) nicht immer diejenigen mit dem harmonischsten Alltag – und natürlich, auch das weiß jeder, schwankt das sexuelle Glück innerhalb der Ehebeziehung sehr.

Die manchmal noch immer aufflackernde Sage von den geringeren sexuellen Bedürfnissen der Frauen, speziell in der Ehe, birgt einen kleinen Kern von Realität. Sehr oft findet man gerade in den mittleren Jahren, wenn die Kinder noch klein sind, daß Frauen weniger Interesse an Sexualität zeigen. Dies mit ihrer körperlichen Überlastung zu erklären ist sicher zu kurz gegriffen. Eher schien es uns immer so, daß diese Frauen für ihr Bedürfnis nach Zärtlichkeit und Wärme den festen körperlichen Bezug zu den Kindern verwendeten. Da normalerweise Sexualität sich diesen Grundbedürfnissen erst zugesellt, konnten sie ihren Männern relativ »kühl« entgegentreten. Dies gilt aber beileibe nicht für alle Frauen.

Unter welchen Bedingungen ist ein lustvoll-glückliches Zusammentreffen möglich? Wir haben dies immer wieder gefragt und stark differierende Antworten bekommen. Häufig wurde uns erzählt, daß eine sexuelle »Nebenbeziehung«, trotz der damit verbundenen Schrecken und Kränkungen, die eheliche Sexualität zuerst neu belebt habe. Am besten gelang dies immer, wenn beide zur gleichen Zeit eine solche »Nebenbeziehung« eingegangen waren. Allerdings waren solche »Hoch«-Zeiten der Sexualität meist nur von kurzer Dauer und gingen rasch unter im Morast der aufkommenden Streitigkeiten. Immer wieder einmal fand sich auch die Beobachtung, daß Sexualität »nach einem Streit« besonders gut gelang. Einige Paare gaben als Höhepunkte ihrer sexuellen Beziehungen »ungewöhnliche« Orte und Zeiten an: das Eisenbahncoupé, der Strand oder ein Gebüsch nicht weit von der vielbegangenen Straße. Die drohende Gefahr des Entdecktwerdens schien belebend zu wirken. Aber auch das innerhäusliche Szenario kann bekanntlich so verändert werden, daß Sexualität interessanter wird: der Video-Porno, der Striptease einer Ehefrau, der gemeinsame Tango ohne Kleider... Was dem einen Paar abgeschmackt scheint, erregt das andere. Wertmaßstäbe sind hier fehl am Platz, aber man fürchtet natürlich das Hohnlächeln des Außenstehenden.

Was kennzeichnet alle diese Versuche? Als einen gemeinsamen Nenner kann man den Versuch herausfiltern, das Vertraute zu verfremden – und damit wäre eben die Vereinigung des (scheinbar) Unmöglichen augenblicksweise erreicht.

Wenn Bischof recht hat mit der Integration seiner vielen Befunde aus den verschiedensten Forschungsbereichen, dann ist dieser Versuch zur Verfremdung die instinktiv richtige Reaktion auf den verschlingenden, warmen Moloch der Intimität, des Warmen, Symbiotischen und Abhängigen, das uns zwar Schutz gibt, aber auch die Gefahr der Langeweile mit sich bringt.

Wie wird das »Fremde« erreicht in jener häuslichen Welt? Da ist zum einen der gefährliche »Andere«, also: die Nebenbeziehung. Der vertraute Partner hat sich plötzlich in meist dramatischer Weise in eine unbekannte Sphäre begeben. Wenn einer Fantasie hat, versucht er sich diese neue Welt vorzustellen, fantasiert den Partner oder die Partnerin als jemanden, der nun »ganz anderes« tut und empfindet. In unserem Buch »Wenn Ehen älter werden...« gibt es die besonders lebhafte Erzählung eines unserer Interviewpartner (S. 161) Er sah seine

Ehefrau in ganz exzentrischen körperlichen Ekstasen und besonderer seelischer Erfülltheit – Dinge, die er niemals zuvor an ihr erlebt hatte. Sofern einer nicht sofort »aufgibt« und nur mehr gekränkt reagiert, sind es diese Fantasien, die im Partner den »Fremden« erscheinen lassen. Das Begehren, das den Betrogenen erfüllt, entspringt nicht nur dem Wunsch, es jetzt »besser« zu machen – es ist das Begehren der nunmehr »fremden« Frau gegenüber. Überspitzt formuliert: Man begeht Ehebruch mit der eigenen Frau (oder umgekehrt). Dies ist bekanntlich ein beliebtes Thema der Maskenball-Schnulzen, in denen sich die begehrteste Unbekannte als die bislang vernachlässigte Ehefrau entpuppt. Beim Untreue-Sex spielt übrigens vermutlich oft auch noch ein leises Homosexuellen- sowie Voyeurs-Element hinein: Viele wollen ganz genau wissen, was dort im anderen Bett getrieben wird – daß dabei der Betrogene auch die Lust der eigenen Frau auf den anderen Mann (oder umgekehrt) miterlebt, ist allerdings normalerweise nicht bewußt. Es enthüllt sich manchmal zögernd in einer Psychotherapie und bietet eine Erklärung dafür, weshalb der Rivale gar nicht so selten mit Bewunderung und einem Anflug von Verliebtheit betrachtet wird.

Ein anderes Moment des »Fremden« ist sicher der Streit. Im Streit stellt sich der Partner in seiner Andersartigkeit ja ganz besonders kraß dar: Man versteht ihn nicht mehr, man empfindet ihn als fremd und bösartig. Nicht jede Streitsituation ist übrigens geeignet zur Erhöhung des Begehrens. Nicht der resignierende »ach-schon-wieder-die-ollen Kamellen«-Streit, in dem man den anderen zum Erbrechen oft kennengelernt hat, auch nicht der verzwickte Streit mit demjenigen, der nicht zu fassen ist, sofort ausweicht, sich zurückzieht und versteckt. Es ist eher der offene Kampf, der anstachelt; derjenige, der klar zeigt: Wir sind verschieden und werden es immer bleiben. Die »Versöhnung« ist dann kein Zudecken, sondern eine Aussöhnung mit der Andersartigkeit. Es gibt Paare, die erstaunt darüber sind, welch schöne, jungverliebte Nächte sie nach solchem Streit verbringen können.

Die Versuche mit dem verfremdeten innerhäuslichen Szenario sprechen für sich – übrigens erweisen sie sich leider als nicht sehr beständig, da sie natürlich recht schnell wieder von der Routine aufgesogen werden. Daß manchmal auch genau das Gegenteil vom »Fremdartigen«, nämlich das Erleben großer Harmonie als luststeigernd angegeben wird, mag verwundern und scheint meiner These zu widersprechen. Es erwies sich bei genauerem Nachfragen aber immer wieder, daß Harmonie bei diesen Paaren eher zum »Ungewohnten« gehört, daß sie sonst eher neben- oder gegeneinander leben und in ihre etwas öd-vertraute Routine ab und zu ein Gefühl von unvertrauter Erkenntnis bricht: »Du bist ja ähnlich wie ich!« Hier handelt es sich nicht um das Erlebnis der ewigen Symbiose, welches – da andauernd – sehr viel langweiliger ist. So stellen Neuverliebte, die einander noch nicht vertraut sind, immer wieder einmal fest: »Er (sie) ist ja genau wie ich« – doch dies ist Ausdruck für den Versuch der Überwindung des Fremden. Ebenso ist geglückter Sex das Resultat jener Synthese von Routine und Erregung, von Abhängigkeit und Autonomie. Ist der andere aber *nur* fremd, dann wird er allzuleicht zum Vergewaltiger, zum »bösen Mann« aus der Kindheit oder zur »gefährlichen Hexe«.

Gibt es »Rezepte« zur Verbesserung der häufig so mittelmäßigen Sexualität verheirateter Paare? Kann man Striptease bei Kerzenschein, eheliche Untreue oder Partnertausch propagieren, damit es lustvoller zugeht im Ehebett? Mit Sicherheit nicht. Allzu gekünstelt oder auch gefährlich erscheint all dies, wenn man es als Rezept verpaßt. Solche Rezepte sind übrigens recht schnell der Lächerlichkeit preisgegeben, und nichts tötet bekanntlich das Begehren rascher als ein ironisches Lachen.

Sind wir also dazu verurteilt, ehelich nur »lauwarmen« Sex zu genießen? Diese Frage ist mit einem *»Jein«* zu beantworten. Natürlich ermangelt Sexualität mit dem langjährig vertrauten Partner der ersten, mühelos zu erringenden Erregungsqualität, die viele jungverliebte Paare oft geradezu »überfällt«. Es ist, wenn man bei dieser Frage verweilen will, aber wichtig, sich den Entwicklungsaspekt der ehelichen Sexualität vor Augen zu halten. Zwar wird sie nach drei, vier, fünf Jahren (oft schon viel früher) nicht mehr in bedrängender Erregung erlebt – doch das Gefühl »solider« Kenntnis der eigenen Bedürfnisse sowie der des anderen kann trotzdem lustvolle Erlebnisse verschaffen. In der ersten Zeit der Verliebtheit werden sogar offenkundige Defizite als wenig schwerwiegend erlebt. »Mein Mann hatte jeweils sehr schnell einen Samenerguß, so daß ich eigentlich wenig davon ›hatte‹ – aber anfangs hat mich das gar nicht so sehr gestört. Ich war einfach selig über jede Berührung, und schließlich gibt es ja manuelle Nachhilfe.« Daß nach einigen Jahren sich dieser Zustand in unmutigen Klagen äußert, wird jeder verstehen. Bleiben solche groben Funktionsstörungen bestehen, ist allerdings therapeutische Hilfe angesagt. Meist verschwinden sie oder werden zumindest seltener, tauchen nur mehr ab und zu auf.

Auch wenn die Seligkeit der ersten Nächte nicht mehr erreicht wird, kann sich eine Art befriedigendes Gleichmaß einstellen – eben vielleicht jene oben beschriebene »coincidentia oppositorum«. Allerdings scheint auch dies nicht der Weisheit letzter und vor allem nicht dauerhafter Schluß. Schon der Volksmund sagt, daß der Esel aufs Eis tanzen geht, wenn es ihm zu wohl ist. Und diese »Tänze« versuchen denn auch die allermeisten Paare: in der Fantasie oder in der Realität, begleitet vom schleichenden Gefühl des Unmuts und der Langeweile. Immer wieder einmal bricht der Wunsch nach der »großen Erregung« durch (Männer scheinen davon noch öfter betroffen als Frauen), während im Ehebett oft mehr oder weniger geglückte Gymnastik betrieben wird.

Am schlimmsten trifft es allerdings, so habe ich erfahren, solche Paare, die verlernt haben, ihre »innere Uhr« des Begehrens zu befragen. Diese Routiniers gehen von irgendwelchen äußeren Normen aus, denen zufolge man angeblich ein-, zwei- oder dreimal pro Woche oder Monat Geschlechtsverkehr haben muß. Sofern der Partner »greifbar« und die Beziehung nicht ganz schlecht ist, erfüllen sie in diesem Rhythmus auch ihr Plansoll. Das ist natürlich der beste Garant für ein völlig verkorkstes eheliches Sexualleben. Sich darüber klar zu werden, wann eigene Bedürfnisse überhaupt vorhanden sind, scheint eine der wichtigsten Bedingungen gerade für eheliche Sexualität. Daß die Kinder auf einer Geburtstagseinladung sind und daher die Gelegenheit »günstig« ist, sollte kein Grund sein. Auf diese Weise verwischt man den schmalen Grat, auf dem sich das Begehren auch im vertrauten Alltag ansiedeln kann. Die reinliche Scheidung zwischen einem echten Bedürfnis und einer von außen auferlegten Norm ist im Bereich des ehelichen Begehrens sehr schwierig, aber auch sehr wichtig.

Andrerseits ist es schwierig, in der Ehe einen Zeitpunkt zu finden, zu dem wirklich *beide* Lust haben. Allerdings könnte man sich auf »natürliche« Entwicklungen verlassen. Sexualität ist schließlich *auch* ein interaktives Geschehen – derjenige, dem es wirklich »ernst« ist mit seinem Begehren, hat oft gute Chancen, dem Partner etwas davon zu vermitteln und ihn »anzustecken«. Jeder rauzig-fordernde Versuch des Zwanges dagegen ist natürlich tödlich.

Indem die Routine durchbrochen wird, durch fantasievolle Verfremdung zum Beispiel, kann man zur Erhöhung der Lust beitragen. Es gibt heutzutage viele Menschen, die die »Techniken« der körperlichen Liebe gut kennen und beherrschen. Mit dem Partner aber haben sie dazu keine rechte Lust. Es läuft alles im alten Geleise ab. Hier ist die verfremdende Fantasie vonnöten. Ungewohntes, bisher vielleicht sogar Belächeltes kann gewagt werden – vielleicht steigert es das Begehren. Zu alledem braucht man eine Portion Selbstvertrauen, Toleranz und Angstlosigkeit. Trotzdem: Auch hier gibt es Grenzen. »Aufregende« eheliche Sexualität wird es stets nur insulär geben, eben in Ausnahmesituationen. Mit immer wiederkehrenden Einbrüchen von Routine und Langeweile muß gerechnet werden. Glücklich, wem zumindest diese Ausnahmesituationen gelingen: Solche Paare haben gute Chancen!

4. Der Workaholic – Realität oder Modewort?

Frau: Wir sollten an diesem Wochenende Schmidts zum Kaffee einladen.

Mann: An diesem Wochenende? – Unmöglich, ich muß noch das Gutachten für die Firma Schlumpeter fertigmachen.

Frau: Aber das hast du doch schon am letzten Wochenende gemacht, und für diesmal hast du versprochen...

Mann: Ja, ja ich weiß... Aber sie haben mich gebeten, noch eine Zusatzklausel zu überprüfen.

Frau: Also, das finde ich wirklich unerhört: Ich weiß gar nicht, wann wir das letzte Mal ein ungestörtes Wochenende hatten...

Mann: Du, das ist wirklich wichtig, Du weißt: Schlumpeters sind gute Kunden, und schließlich bringt es uns ja Geld...

Frau: (verächtlich) Geeeld... was haben wir schon davon? Wir sitzen ja doch nur daheim, und allerhöchstens darf ich alleine mit den Kindern zum See hinunterfahren; sie tun mir schon leid. Ihr Vater: Das ist nur ein runder Rücken am Schreibtisch und eine Stimme, die sagt: (nachäffend) »Stör mich nicht, mein Schatz, Papi muß arbeiten.«

Mann: Ach, du übertreibst...

Frau: Können wir denn nun nächstes Wochenende Schmidts zum Kaffee...

Mann: Du hast vergessen, daß ich das ganze nächste Wochenende bei diesem Kongreß in Bad Homburg bin.

Frau:	(resigniert) Ach ja, und das Wochenende darauf mußt du den Vortrag für die Abteilungsleiterkonferenz vorbereiten, und dann kommt sicher ein neuer guter Kunde, und an jedem Abend gibt es Sitzungen – – ich weiß gar nicht, warum du dir Frau und Kinder hältst; ein Haustier wäre bequemer, wenn es schon etwas Lebendiges sein soll.
Mann:	(schuldbewußt): Ach, laß doch... bald sind ja Ferien; ich verspreche dir, daß ich dann immer Zeit für euch haben werde.
Frau:	Wer's glaubt, wird selig.

Kommt Ihnen dieses Gespräch bekannt vor? Wenn ja, dann sind Sie möglicherweise mit einem (oder einer) *Workaholic* liiert.

Dieser Begriff wurde erst vor einigen Jahren erfunden. Er ist eine Zusammenziehung aus dem englischen Wort *»work«* (Arbeit) und einer Zusammenziehung von *»alcoholic«* (Alkoholsüchtiger, Alkoholiker). Damit soll ausgedrückt werden, daß es möglicherweise Menschen gibt, die so süchtig nach Arbeit sind wie der Alkoholiker nach Alkohol, der Drogenabhängige nach Heroin oder der Spieler nach dem Roulettetisch.

Das Wort ist zwar neu, die dahinterstehende Realität ist es wohl nicht. Allerdings hätte man in früheren Zeiten sicher gezögert, einen solch fleißig und unermüdlich – angeblich für die Familie – arbeitenden Mann wie den eben Gehörten abwertend als »süchtig« zu bezeichnen. Ein arbeitsamer Mensch, einer, der sich dauernd überarbeitet: Das galt lange Zeit als hohes Ideal. In Nachrufen wurde es denn auch immer wieder emphatisch herausgestrichen: »Unermüdlich für die Seinen schaffend...« »Sein Leben galt der Arbeit...«, oder gar »Sein Leben galt seiner Firma«.

Diese Sprüche sind für manche Menschen durchaus zutreffend. Erst in letzter Zeit zögern wir aber, sie ganz und gar positiv zu bewerten.

Unter jüngeren Menschen ist der absolut vorrangige Wert der Arbeit nicht mehr unangefochten – vor allem dann nicht, wenn Arbeit als unübersichtlich und anonym erlebt wird; wenn der einzelne nicht mehr genau weiß, ob seine Arbeit wirklich sinnvoll in ein »höheres Ganzes« eingegliedert wird, wenn er sich nur mehr als verwaltetes »Rädchen einer Maschine« betrachtet oder wenn er – schlimmstenfalls – gar keine Arbeit mehr finden kann und so gezwungen ist, sich auf andere Weise selbst zu bestätigen.

Dies alles führte im Laufe der letzten Jahre zu jener bekannten Skepsis bei der Betrachtung des Arbeitslebens; dieser skeptischen Distanz haben wir es wohl auch zu verdanken, daß der abwertende Begriff des *Workaholic* erfunden wurde.

Diese Abwertung verhindert aber nicht, daß es Menschen gibt, die sich in bezug auf ihre Arbeit ähnlich verhalten wie andere Süchtige in bezug auf ihr spezifisches Suchtmittel. Und so wie alle anderen Süchte zunehmen, scheint auch die Arbeitssucht im Ansteigen begriffen.

Frau: Kommst du jetzt ins Bett?

Mann: Ja, nur noch einen Augenblick.

Frau: Wie lange?

Mann: Ach... sofort... nur noch...

Frau: Komm doch, es ist ½1 Uhr, ich kann nicht schlafen, laß doch das Zeug, morgen ist auch noch ein Tag.

Mann: Ich bin gerade so gut drin... stör mich nicht, ich kann jetzt unmöglich aufhören, sonst verliere ich den Faden...

Frau: (kalt) Gut, ich gehe jetzt ins Gästezimmer schlafen, sonst weckst du mich wieder auf...

Mann: (grunzt irgend etwas).

Recht ähnliche Dialoge könnte man hören, wenn man Alkoholiker belauscht oder Fernsehfans.

Auch Arbeitssüchtige können, wie Drogenabhängige oder

Alkoholiker, »nicht aufhören«. Dies ist das typische äußere Zeichen einer jeden Sucht: die Schwierigkeit, ja Unmöglichkeit aufzuhören – auch dann, wenn der »Stoff« gar nicht mehr schmeckt, auch gar nichts besonderes mehr auslöst. Jeder Süchtige kommt bald an den Punkt, wo eventuelle Erlebnisse der Euphorie, der grandiosen Aufblähung und des herrlichen »Außer-sich-Seins« nur kurzfristig oder gar nicht mehr von ihm Besitz ergreifen. Was also tut der »Stoff« dann? Der Stoff – und das kann sein: Arbeit, Heroin, Alkohol oder Fernsehen – vertreibt einen permanenten »Kater«, nichts sonst.

Was allerdings ist ein »Kater«? Es ist (physiologisch mitbedingt oder auch nicht) das Gefühl, leer und unruhig zu sein, keinen rechten Eigenwert zu haben; der Körper wird oft als fremd erlebt (widerwärtig oder als mechanisches Teil), es fehlt die Fähigkeit, sich adäquat auf die menschliche und dingliche Umwelt einzustellen.

Hat man einen solchen Kater als Dauerzustand, dann sucht man irgendwelche Stimulation von außen, um ihm zu entgehen. Man vermeidet die ruhige Konzentration auf sich selbst oder auf andere Menschen. Ein Zustand innerer Ruhe als Voraussetzung für Entspannung oder für irgendeine Tätigkeit wird dann selten aus eigener Kraft erreicht.

Im Fachjargon der Psychoanalytiker spricht man von »narzißtischer Bedürftigkeit«. Das heißt, daß jemand nicht imstande ist, aus eigener Kraft und mit eigenen Mitteln sich als wertvoll und kontaktfähig zu empfinden. Er holt sich das, was von »innen« kommen soll, von außen: eben z. B. durch Chemikalien, Alkohol oder andere starke Außenreize, die ihn stimulieren.

Es gibt Menschen, die sich der Stimulation sozusagen »passiv« ergeben (Alkoholiker, Drogenabhängige), und solche, die sie sich selbst »erzeugen« – durch das Versinken in rastlose Tätigkeit oder durch das fast zwanghafte Einkaufen vieler nutzloser Gegenstände oder auch, in neuester Zeit, durch große körperliche Anstrengung wie das Joggen. Daß diese an sich doch sehr unähnlichen Verhaltensweisen alle als »Sucht« bezeichnet werden können, liegt eben darin, daß sie sämtlich einem ähnlichen Zweck dienen: der Betäubung von innerer Unruhe, Leere und Beziehungslosigkeit und dem Gefühl, nichts wert zu sein. Sehr viele Vergnügungen und Tätigkeiten, die unter anderen persönlichen Umständen einfach Spaß machen oder den Menschen in ein gutes inneres Gleichgewicht bringen, können sich so zur Sucht verkehren. Und so wie das behagliche Entspannen beim Glas Wein am Abend nichts zu tun hat mit dem unkontrollierbaren Trinken des Alkoholikers, so hat auch ein interessiertes, konzentriertes und intensives Arbeiten nicht unbedingt etwas zu tun mit der Arbeitssucht.

Wie aber kann man das eine vom anderen unterscheiden? Es gibt Menschen, die in der Arbeit »Trost« finden, wenn sie zum Beispiel einen schweren Verlust erlitten haben. Dies kann zeitweise ein recht gesunder Mechanismus sein, um nicht in allzu trauriges Grübeln und Jammern zu versinken.

Ist aber gar kein realer Verlust zu beklagen, dann hat eine solche Ablenkung eigentlich keinen Sinn und erscheint sinnvoll erst, wenn man davon ausgeht, daß ein solcherart Süchtiger sich tatsächlich so leer und traurig fühlt, als wäre ihm jemand gestorben. Dies ist denn auch eines der wichtigsten Unterscheidungsmerkmale zwischen den Süchtigen und dem normal Arbeitenden: Der Süchtige versinkt ohne seine Arbeit in Depression, der normal Arbeitende fühlt sich nach des Tages Arbeit befriedigt und entspannt.

Die beste Probe aufs Exempel bringt der berühmte Sonntagnachmittag: Hat die Familie es wirklich geschafft, den Workaholic vom Schreibtisch oder der Drehbank zu locken, dann beginnt für ihn die große Leere. An familiären Kontakten hat er keinen Spaß, weil er nicht geübt darin ist, sich mit anderen Menschen zu befassen; andere Interessen als seine Arbeit hat er kaum; er fühlt sich also von Unrast und Langeweile gepackt.

Rettung kann von den üblichen Suchtmitteln kommen –

Fernsehen, Alkohol –, oder er schmuggelt die Arbeit – etwa über ein Fachbuch oder ein langes Telefonat mit einem Arbeitskollegen, durch die Hintertür wieder herein.

Das unermüdliche Tätigsein hilft also, die innere Leere und die vage Traurigkeit zu betäuben. Natürlich muß diese Tätigkeit so beschaffen sein, daß man sie zwar gut beherrscht, daß aber doch immer wieder genügend neue Probleme auftauchen, um den Monotonie-Effekt zu verhindern. Erleichternd ist es, wenn man immer wieder ziemlich rasch Teilerfolge erzielen kann. Eine der besten Tätigkeiten zur Erzeugung der Arbeitssucht scheint übrigens die Beschäftigung mit dem Computer zu sein. Das Austüfteln und Ausprobieren von Programmen, das Warten darauf, ob es »geklappt« hat, die Freude am überprüfbaren Endprodukt: Dies scheint eine Form von Tätigkeit zu sein, die in ihrer intellektuellen Komplexität, gepaart mit klar durchschaubaren Erfolgsmeldungen, den am Computer Arbeitenden in besonderer Weise »packt« und nicht mehr losläßt. Manch einer hat sich schon im Terminal-Raum nächtelang einsperren lassen und seine Mahlzeiten Tage hindurch auf Kaffee und Automaten-Sandwiches beschränkt.

Lassen wir einen arbeitssüchtigen Computerfreak dies mit eigenen Worten beschreiben:

»Wenn ich bei meinem Bildschirm sitze – vor allem nachts –, dann spüre ich ›Du bist der Herr der Dinge‹. ›König-der-Nacht-Gefühl‹ nenne ich das. Das Eintippen, Anfragen, Erteilen der Befehle und dann das Warten auf die Übersetzung – das alles ist eine einzige aufregende Spannung. Oft denke ich, die Maschine hat ein Herz – und der Magnetspeicher innen drin ist ja auch so etwas ähnliches. Ich fühle mich dauernd angeregt und erwarte immer fast fieberhaft den nächsten Output. Die an sich langweiligen Zwischenarbeiten (Sortieren, Anheften, Dokumentieren) erledigte ich immer ganz schnell und aufgeregt. Ich warte immer in Hochspannung, bis mein Programm sich wieder meldet. Wenn ich mich trennen muß, verfalle ich oft in eine Art Dösigkeit und Langeweile. Die Welt um mich herum ist dann so grau und fade – das wirkliche Leben spielt sich im Computerraum ab.«

Dies ist die Perversion aller Süchtigen, eine völlige Verdrehung des Realitätsbegriffs: Echt, real ist das Suchtleben; das normale Leben wird grau und uninteressant.

Wie aber kommt es zu der vorher erwähnten »narzißtischen Bedürftigkeit« und damit ganz allgemein zum Anwachsen vieler Süchte? Wieso haben offensichtlich immer weniger Menschen ein gesundes Selbstvertrauen, das sich mehr von innen als von außen speist, so daß sie ihr Leben in einer Balance von Ruhe und Aktivität zubringen können?

Es ist immer schwer, ein solches »Anwachsen« einer bestimmten psychischen Störung empirisch fundiert zu belegen. Im Falle der »narzißtischen« Störungen allerdings gibt es so viele übereinstimmende Aussagen von Psychotherapeuten und Beratern aller Schulrichtungen, daß man dieses »Anwachsen« wohl ernstlich in Betracht ziehen muß – ganz abgesehen davon, daß auch der objektiv festzustellende Konsum von Drogen kontinuierlich ansteigt. Es ist ein fast bis zum Überdruß konstatiertes »Übel« unserer Zeit, daß wir nicht nur im Arbeitsleben anonym, verplanbar und funktionalisierbar geworden sind, sondern daß wir sogar in unseren vitalen Bedürfnissen sehr oft »von außen« bestimmt werden. Dies aber erschwert es, die eigene Identität zu finden. Wer soll man denn schließlich sein, wenn man sich nolens volens hineinmanövriert fühlt in die begehrliche Verehrung eines bestimmten Sex-Idols, das man mit einer Masse teilt; wenn man die Probleme der »Dallas«-Familie zu seinen eigenen macht und daher mit Spannung auf die nächste Fortsetzung wartet (»Take your daily dose of Dallas« konnte ich in Boston auf einer Reklamewand lesen!) oder wenn man den Erwerb eines schicken Autos als absolute innere Notwendigkeit erlebt?

Daß all dies offenbar nichts »Individuelles« ist, sondern nur die Teilhabe am geschickten Management von Massenbedürfnissen, wird irgendwann spürbar. Die beiden amerikanischen

Soziologen Cohen und Taylor haben die hektische Suche nach Identität durch vielerlei Arten von »Ausbrüchen« aus der Uniformität in ihrem Buch »Ausbruchsversuche« meisterhaft beschrieben. Alle diese Ausbrüche (in die Spiritualität per Meditation, in das Abenteuer waghalsiger Reisen und ähnliches) werden aber nicht nur immer wieder von der Werbung eingefangen und ihrerseits »vermasst« (Neckermanns Abenteuer-Reiseangebot etwa), sie sind auch in hohem Maße als Suchtmittel geeignet. Wer in unserer Kultur vier bis fünf Stunden täglich meditiert, wird mit großer Wahrscheinlichkeit eben nicht zum weisen Guru, sondern zum realitätsfernen Meditationssüchtigen.

Ein sicheres Gefühl für das, was ich bin – das Vertrauen darauf, daß ich etwas »Besonderes« bin: Erst das erlaubt erfreuliche Beziehungen zu anderen Menschen sowie auch zu Dingen. Erst in diesem Bezogensein entsteht das, was jeder Mensch sich ersehnt. Manche nennen es »Glück«, andere »Harmonie« oder auch »innere Erfülltheit«, und es wird ermöglicht durch das Wissen um die eigene Individualität. Gerade dieses Wissen aber ist im Zeitalter der Austauschbarkeit und der »Wegwerfmentalität« besonders schwer zu erlangen. Fast jedem Menschen zum Beispiel ist klar, daß er in seiner Arbeit ziemlich leicht ersetzt werden kann (ebendies ist der explizite Sinn der Durchplanung unseres Arbeitslebens), und er vermutet (meist zu Recht), daß ihn auch seine Mitmenschen leicht missen können, da sie sich ja gerade nicht an seiner ersehnten Einmaligkeit orientieren. Sie können das auch nur sehr schwer, da diese Einmaligkeit für jeden von uns ganz essentiell bedroht ist dadurch, daß unsere Wünsche und Bedürfnisse oft künstlich hergestellt und verwaltet werden. An die Stelle einmaliger und unverwechselbarer Beziehungen tritt daher nur allzuoft in der Familie oder im Verhältnis zu Freunden der Kampf um eine bessere Position – das einzige, worauf wir vom Kindergarten an bestens konditioniert worden sind. Der »Beste« zu sein (im Geldverdienen, im Argumentieren, im Prestige) bringt jedoch nur ein kurzfristiges Glück und ist wenig geeignet, dauerhafte innere Gelassenheit und Geborgenheit in der Mitmenschlichkeit zu schaffen.

Jemand, der sich in Arbeit stürzt wie andere in den Alkohol, möchte sich das Gefühl seiner Einmaligkeit erzwingen, indem er sich selbst als ein wirbelndes Zentrum von Aktivität erschafft und dazu noch auf die Bestätigung von außen hofft. Dies kann momentweise gut gelingen. Illusionär daran ist allerdings die Vorstellung, Arbeit als einzige Aktivität könnte das verlorengegangene Gefühl der eigenen Existenz vermitteln, wenn Arbeit nur um der Tätigkeit willen als wertvoll erlebt und kein Gefühl für den tieferen Sinn der eigenen Arbeit entwickelt wird.

Trotzdem: Solange man aktiv ist, läßt sich die Illusion der eigenen Bedeutung aufrechterhalten. *Daß* es eine Illusion ist, beweist die Tatsache, daß sofort nach dem Aufhören das Ich sozusagen wieder »einschrumpft«, leer wird. Damit beginnt der schreckliche Zirkel der Sucht.

Man braucht »mehr vom gleichen« und spürt doch, daß eigentlich etwas anderes an die Stelle der schmerzhaften inneren Leere gehört. So drückte dies ein Therapie-Patient, der von Beruf Maler und Anstreicher ist, aus:

»Mir fällt einfach nichts mehr ein, als zu arbeiten. Ich nehme dauernd Schwarzarbeit an, weil mich zu Hause alles kalt läßt und ankotzt. Dort schlinge ich abends nur das Essen runter, dann gehts wieder ab. Manchmal arbeite ich bis Mitternacht, auch am Wochenende. Wenn ich so richtig todmüde ins Bett falle: dann geht's mir für einen Augenblick lang richtig gut. Sonst ist nichts.«

Hier erfahren wir, wie wichtig die körperliche Stimulation ist. Denn auch die Erschöpfung vermittelt ein Gefühl von Wohlbehagen.

Wie aber beurteilt die Gesellschaft solche Arbeitssüchtigen? Offensichtlich gehört für viele diese Sucht zu den angesehenen, ja fast zu den erstrebenswerten. Sie belohnt den Arbeitssüchtigen oft mit Bewunderung und Erfolg, meist auch mit Geld.

Alle, außer den nahen Angehörigen, finden lobende Worte und höchstens neckisch gemeinte Ermahnungen, man möge sich nicht überarbeiten. Der Herzinfarkt des Arbeitssüchtigen gilt vielerorts als Ehrenzeichen.

»Viel zu arbeiten« ist ein hohes gesellschaftliches Ideal, und wenn auch der Begriff des »Workaholic« eine gewisse Distanzierung ausdrückt, so ist doch in der Diskussion darüber spürbar, daß der solcherart zum Süchtigen Abgestempelte seine Krankheit mit durchaus selbstgefälliger Koketterie trägt.

Die durch entfremdete Beziehungen geschaffene innere Leere, die in einer vagen Depression erlebte Bedeutungslosigkeit der eigenen Person und der sie umgebenden Welt scheinen in der rastlosen Arbeitstätigkeit aufgehoben, wenn Arbeit unbesehen als hoher Wert angesehen und belohnt wird, ohne daß man ihren Sinn reflektiert.

Wie andererseits müßte Arbeit beschaffen sein, damit sie wirklich beitragen kann zur Stabilisierung eines Menschen, zur Entwicklung eines stabilen Vertrauens in sich und andere? Um jenen leeren Kern der Persönlichkeit wirklich füllen zu können, muß sie anders sein als die meisten gesellschaftlich bereitgestellten Arbeiten. Sie müßte nämlich in einem engen Zusammenhang zu gemeinsam erarbeiteten Zielen stehen; diese Ziele sollten in einem verstehbaren Zusammenhang sinnvoll beitragen zur Verbesserung von Lebensformen. Das aber heißt: Arbeit muß auch – zumindest in immer wiederkehrenden Phasen – gemeinsam mit anderen geplant und konzipiert werden, wobei nicht nur der Routine-Ablauf, sondern ebenso der Sinn des Endprodukts zusammen diskutiert und hergestellt werden muß. Nur sehr wenige Arbeiten in unserer Gesellschaft entsprechen diesem Ideal. Der Werbemanager einer Arzneimittelfirma, der juristische Berater einer Bank, der Buchhalter des Supermarkts: Sie alle sind eingewiesen in ein großes Getriebe, in dem sie funktionieren müssen, ohne viel zu fragen, wie schädlich die vertriebenen Arzneien, wie ausbeuterisch die Geldanlagen der Bank oder wie vergiftet die verkauften Lebensmittel sind.

Damit wird der Griff nach der aktionsverheißenden (und: persönlichkeitsfüllenden) Arbeit zur Illusion so wie derjenige zur Flasche oder zum Fernsehen. Der äußere Anschein – daß hier Sinnvolles beigetragen wird zur Entwicklung der Persönlichkeit – trügt. Nicht so sehr der Sinn der Arbeit als vielmehr die rastlose Tätigkeit selbst sind wichtig für den Süchtigen.

So etwa drückte das ein Buchhalter in mittleren Jahren aus, nachdem er mit einer nervösen Erschöpfung zusammengebrochen und in eine recht tiefe Depression verfallen war:

»Ich habe sogar die Bücher meiner Kollegen mit nach Hause genommen, obwohl mich das Ressort gar nichts anging. Ich saß oft bis Mitternacht darüber und habe gerechnet, als ginge es ums Leben. Vor allem nachts wurde mir dann so richtig wohl, ich war wie verhext. Dabei mag ich meinen Kollegen nicht mal so gerne, und daß mein Chef eine Existenz mit zwielichtigem Geschäftsgebaren ist, weiß ich auch. Aber daß ich alles so gut in der Hand hatte, das war berauschend. Jetzt fühle ich mich wie amputiert.«

Die Droge Arbeit kann sich noch potenzieren durch die Faktoren Geld, Erfolg und Macht. Alle drei sind unter Umständen verknüpft mit großem Arbeitsaufwand und natürlich geeignet, das Selbstbewußtsein zu erhöhen. Auch sie sind, wie die Arbeit selbst, von außen hereingeholte »Aufblähungsmöglichkeiten« der eigenen Person, und ein solcherart errungenes Selbstbewußtsein sinkt rasch in sich zusammen, wenn Geld, Erfolg oder Macht wegfallen.

Menschliche Beziehungen, die sich über die Arbeit entwikkeln, sind oft nur allzusehr belastet von Konkurrenz und Mißtrauen. Das vertrauensvolle Miteinander, das aus der Freude am gemeinsam erbrachten und als sinnvoll empfundenen Produkt entsteht, gibt es selten. Der Arbeitssüchtige vermeidet aber selbst dort, wo noch Reste an Arbeitsfreundschaften möglich sind, tiefere Kontakte. Ihm kommt es eben auf das Tätigsein an sich an.

So wie der Alkoholiker auch nicht mehr auf die Qualität des

Alkohols achtet, wenn er trinkt, achtet der Arbeitssüchtige nicht mehr auf den Sinn von Arbeit und Arbeitsbeziehungen.

Jede Sucht führt dazu, daß der Kontakt zu anderen Menschen nicht mehr als lebendig und vielfältig empfunden wird, sondern als Störung, daß Kontakte höchstens noch eine Funktion innerhalb der Sucht haben. Wie der Heroinsüchtige den Junkie nur mehr als Zulieferer sehen kann und seine Subkultur nur als Quelle weiterer Drogenbeschaffung, so läßt der Arbeitssüchtige alle Kontakte verkümmern, sofern sie seiner Arbeit nicht dienlich sind. Am meisten leidet darunter die engere Familie.

Damit sind wir beim letzten und vielleicht schlimmsten Kennzeichen des Süchtigen im allgemeinen und des Arbeitssüchtigen im besonderen angelangt: Aus dem schlecht entwickelten Gefühl für die eigene Person und aus der inneren Leere heraus vermeidet der Süchtige unbewußt alle tieferen Kontakte, weil er die Abhängigkeit von Menschen fürchtet. Er hat Angst – ohne daß dies bewußt zu sein braucht –, daß in einer wirklich verbindlich gelebten Beziehung die eigenen Defizite und die innere Leere dazu führen können, daß ein anderer ihn ausbeutet und mißbraucht – so wie übrigens Süchtige sehr häufig früher von ihren Eltern für deren Zwecke mißbraucht worden sind.

Die illusionäre Vorstellung von der eigenen Großartigkeit läßt sich am besten alleine verwirklichen. Ironischerweise gerät jeder Süchtige trotzdem immer wieder in tiefe Abhängigkeiten hinein: von dem, der den »Stoff« beschaffen muß, von den Bewunderern, den Geldgebern.

Nicht immer ist von außen sofort sichtbar, ob Arbeit als Suchtmittel fungiert. Den fanatisch schaffenden Künstler und Intellektuellen als »süchtig« zu bezeichnen fällt schwerer, als den Computerfreak oder den Juristen, der sich mit Gutachten eindeckt, so einzuordnen. Aber auch der Künstler kann seine Arbeit als einzige Quelle zur Ausfüllung der inneren Leere benutzen und nur im Erfolg den wahren Garanten seiner Existenz sehen. Die menschlichen Kontakte vieler Künstler erscheinen daher auch häufig flach oder ausbeuterisch – und unbeschadet der Tatsache, daß sie Wertvolles schaffen, geht diese Form der süchtigen Produktion oft zu Lasten ihrer menschlichen Entwicklung.

Die tiefen depressiven Einbrüche nach einer Schaffensphase sind bekannt. Häufig werden sie verklärt als das »notwendige Opfer«, das der Künstler bringen müsse. Vom Erleben her sind sie nichts anderes als der »Kater« des Alkoholikers oder des Fernsehfans.

Bisher gibt es für die Frauen vor allem das Bild des Putzteufels. Dies mag einerseits daran liegen, daß Frauenberufe meist weniger interessant sind, daß sie daher weniger oft die Chance haben, damit zu viel Geld oder Erfolg zu kommen. Andererseits liegt es auch daran, daß bisher nur wenige Frauen dazu erzogen wurden, der Arbeit einen möglichen sinngebenden Wert für ihr persönliches Leben zuzugestehen. Es spricht aber wenig dagegen, daß in nächster Zeit die Arbeitssucht auch von Frauen Besitz ergreifen wird. Bisher sind sie – als Angehörige der Workaholics – hauptsächlich unwirsche und mürrische Opfer.

Lassen wir nochmals eine von ihnen zu Worte kommen: »Mein Mann kennt nur seine Arbeit. Früher dachte ich, ich müßte das bewundern. Aber seit langem ist mir klar, daß er sich durch dieses verrückte Arbeiten einfach davor drückt, Familienprobleme ernst zu nehmen. Ob der Junge in der Schule durchfällt, das Mädchen Liebeskummer hat, ob es Kinderkrankheiten sind oder die Frage, wer Oma nach dem Schlaganfall pflegen soll: all das berührt ihn kaum. Meist behauptet er geistesabwesend, er hätte bisher davon noch gar nichts gewußt. Ich habe es seit langem aufgegeben, ihn zu belästigen. Wir leben nebeneinander her. Er ist mein Geldgeber – sonst nichts.«

5. Wenn Menschen mit Maschinen sprechen...

Seit einiger Zeit besitze ich eine sehr nützliche (wenn auch leider recht reparaturanfällige) Maschine: den Telefonanrufbeantworter. Die ewigen: »Dich-erreicht-man-ja-nie«, »Wo-du-dich-nur-immer-herumtreibst«-Klagen meiner Freunde und Kollegen hatten mich, unter dem Druck zunehmender außerhäuslicher Verpflichtungen stehend, immer erheblicher gestört; Freundschaften waren eingeschlafen, interessante berufliche Kontakte nicht zustande gekommen. Was konnte also vernünftiger sein als die Anschaffung der oben benannten Maschine?

Inzwischen tut es mir leid, daß ich keine Kassettensammlung der elektromagnetisch aufgenommenen Klagen, Beleidigungen und Verzweiflungsausbrüche eben jener Freunde angelegt habe. Am häufigsten ist natürlich das stumme und vorwurfsvolle »Klick«, daneben gibt es averbale und verbale Stoßseufzer wie »oh Gott...«, »nein...«, »schon wieder dieses Scheißding...« bis hin zu bösen Vermutungen, daß ich sicher daheim wäre und den »Blechtrottel« (wie ein Freund ihn getauft hat) nur aus lauter Bösartigkeit angestellt hätte.

Die von der Bundespost vorgeschlagene unpersönliche Durchsage mit kalter Namenangabe und Sprechaufforderung habe ich längst zugunsten witziger oder sanfter, beschwichtigender oder flirtender (und oft wechselnder) Ansagen aufgegeben. Das nützt aber wenig; die Frustration meiner Anrufer durch den Anrufbeantworter hat dadurch nicht abgenommen, obwohl ich wirklich immer nett und freundlich zurückrufe, sobald ich Zeit habe.

Was passiert hier? Wieso werden in diesem Falle Vernunft und Logik meiner Anschaffung nicht gewürdigt? Schließlich hat mich noch nie jemand gerügt, weil ich die Wäsche meiner Waschmaschine anvertraue und sie nicht am Waschbrett rubble...!

Auf einer Tagung von universitären Studienberatern klagte eine Kollegin wie üblich über Arbeitsüberlastung. Im von ihr betreuten Studentenberatungsbüro gäbe es eine hervorragend geführte Bibliothek, Videothek sowie Kassettensammlung, wo man auf Knopfdruck ungemein viele Informationen über Berufe, Immatrikulationsformalitäten, Curricula etc. abrufen könnte. »Und dann«, so berichtete jene geplagte Kollegin, »klopfen die Leute an meine Tür und erzählen mir, was sie eben gehört oder gesehen haben. Ich soll dann nur einfach freundlich zuhören und etwa sagen ›prima, das hast du wirklich gut gemacht‹ oder ›interessant, was du da gehört hast‹, und ähnliches. Irgendwie verstehe ich es zwar, aber es erscheint mir dann doch schrecklich infantil...«

Ich möchte im folgenden den Einsatz von Maschinen im sehr begrenzten Bereich der unmittelbaren Alltagskommunikation betrachten und überlasse die Beschäftigung mit der »großen« Maschinenwelt Berufeneren. Sie ist offensichtlich für einen Teil der Menschen des technischen Zeitalters faszinierend, ja, wie am Beispiel der Computer zu sehen, manchmal sogar suchterzeugend. Ich möchte auch nicht die für den Alltagsmenschen bisher noch nicht relevante Kommunikation über den Heimcomputer besprechen – obwohl hier sicher zu den Phänomenen, die ich betrachten will, einige Verbindungen bestehen. Es geht mir um das Telefon, um den Anrufbeantworter, den auf Kassette gesprochenen Brief und ähnliches mehr – also um Vorgänge, die jedermann heutzutage vertraut sind und die Verbindungen zwischen Menschen im Alltag herstellen.

Ich gehe davon aus, daß sehr viele Menschen mit dieser Form der Kommunikation Mühe haben. Natürlich hat jeder sofort einige Erklärungen bereit, warum solche Kommunikation unbefriedigend ist: das Fehlen der »persönlichen Atmosphäre«, der Ausfall von Gestik und Mimik, die verzerrte Stimme etc.

Was aber ist die »persönliche Atmosphäre«, warum brauchen wir sie, und woraus besteht sie denn eigentlich? Wie einige Kommunikationstheoretiker (allen voran Watzlawick) uns schon vor vielen Jahren klargemacht haben, ist jede menschliche Beziehung dadurch gekennzeichnet, daß wir außer der inhaltlichen Mitteilung auch noch eine »Beziehungsinformation« mitbekommen. Diese wird neben der bloß verbalen Mitteilung vorwiegend durch Averbales vermittelt: durch den Gesichtsausdruck, die Körperhaltung, die Stimm-Modulation. Diese Beziehung aber ist es, die den Inhalt des Gesagten erst in eine emotionale Atmosphäre einbettet, uns auch häufig etwas sagt über Glaubwürdigkeit bzw. Unglaubwürdigkeit des Gesagten – mit einem Wort: uns erst in eine menschliche Beziehung hineinmanövriert. Ärger über und Verweigerung von Tonband-/Videoaussagen sind also vermutlich immer (auch) Ärger und Enttäuschung darüber, daß einem dieser Beziehungsaspekt verweigert wird. Das läßt etwaige Freude über die Rationalität des Vorgehens bei den meisten Menschen verblassen und unwirksam werden, weil die Frustration überwiegt.

Der Anrufbeantworter scheint übrigens in der Sammlung elektronischer Kommunikationsvermittler noch ein ganz besonders herausragender Frustrationserzeuger zu sein. Nicht nur fehlen bei ihm die (unten noch näher zu erläuternden) averbalen Kommunikationsmöglichkeiten – er schneidet dazu auch noch vom so wichtigen »feedback« des Gesprächsteilnehmers ab. Selbst 30–40 Sekunden ohne die zustimmenden/zweifelnden und/oder ablehnenden »hm... hms... jaah...« etc. des Hörers sind ungewohnt und erzeugen Unsicherheit. Ist man aber der Zuhörerreaktion nicht sicher (sie muß gar nicht einmal positiv sein), dann verwandelt sich unter der Hand das, was als Alltagsgespräch gedacht ist, in einen monologischen Vortrag. Dieser unterliegt anderen Gesetzen als die Unterhaltung: Er

soll – im Idealfall – druckreif sein; die vielen »ähs…
hmhms…«, Wortwiederholungen und halben Sätze, die dann
oft in einem anderen grammatikalischen Zusammenhang zu
Ende geführt werden, empfindet man als peinlich. Korrektu-
ren sind nicht möglich; das Ganze wirkt auch noch in der Erin-
nerung wie ein kindliches Gestammel, dessen man sich schämt.

Unvollkommenheiten beim Reden werden normalerweise
aufgrund der Verständnisbereitschaft und -fähigkeit des Hörers als belanglos empfunden. Nur in der Distanz, wenn unsere
Rede uns als ein Objektives entgegentritt, entsetzen wir uns oft
darüber: im Anhören des Gesprochenen am Tonband, in der
Transkription dessen, was wir von uns gegeben haben. Die vielen Schnitzer einer Rede, die uns im Augenblick des Entste-
hens nicht gestört haben, beunruhigen uns jetzt.

Andererseits hat auch das Telefongespräch, das uns ja von
der Hörerreaktion nicht grundsätzlich abschneidet, seine Tük-
ken. Es mag die Verkürzung des Beziehungsaspekts dabei eine
vielleicht recht wichtige Rolle spielen – alle Frustration ist damit sicher nicht zu erklären. Denn es gilt natürlich nicht, daß
der Beziehungsaspekt *nur* durch Averbales (analoge Kommunikation nach Watzlawick) vermittelt wird; es läßt sich auch
verbal die Beziehung ansprechen; es läßt sich averbales Material »digitalisieren«, d. h. in sprachlich-logischer Satzkonstruk-
tion behandeln. Dies wird bekanntlich »Metakommunikation«
genannt, ein in jedem Therapieverfahren übliches Mittel, Be-
ziehungserfahrungen abzuklären. In der Alltagskommunikation allerdings empfindet man solch bewußtes Ansprechen von
Beziehungen oft als ein wenig »aufgesetzt«, sogar als peinlich.
Es stört den natürlichen Fluß der Mitteilungen, und es bedarf
ausgesprochener »Beziehungsfertigkeiten« oder intimer
Kenntnis des Gesprächspartners, um das »Ansprechen der Beziehung« so zu gestalten, daß es nicht unnatürlich erscheint.

In der schriftlichen Mitteilung, die eigentlich nur die »digi-
tale« Kommunikation kennt (abgesehen von den beliebten
Herzchen, Kreuzchen anstelle von Küssen und ähnlichem), hat

sich in einem bestimmten kulturellen Rahmen eine gewisse Kunstfertigkeit entwickelt, in dieser »eindimensionalen« Ebene des Schriftlichen neben den Inhalten auch Beziehungsinformationen mitzuteilen. Dazu bedarf es neben einer guten Kenntnis des Briefpartners und seines Milieus einer nur mühsam zu erwerbenden Kenntnis stilistischer Feinheiten. Die vielfältigen Möglichkeiten der Schreibsprache müssen gut geübt und in vielerlei Kontexten vertraut sein, damit solche schriftlichen Beziehungsmitteilungen auch »ankommen«. Trotzdem wird die Aussage »ich liebe Dich« im Rahmen eines Briefes, der beteuert, daß dies »wirklich und wahrhaftig« der Fall sei, meist nicht im gleichen Maß geschätzt, wie wenn ein Mann seiner Geliebten das gleiche mit stockender Stimme, blutübergossen und mit treuherzigem Blick mitteilt. Lüge und Täuschung drohen zwar auch hier – wenn es sich zum Beispiel um einen guten Schauspieler handelt –, aber die einigermaßen naive Alltagskommunikation unterstellt der averbalen Beziehungsdarstellung doch einen höheren Grad an Glaubwürdigkeit als der rein verbalen, das heißt, wenn wie beim Telefonieren nur eine Dimension angesprochen wird. Der Ärger über diese »eindimensionale« Kommunikation ist also auch und vorwiegend die Angst vor nicht zu durchschauender Täuschung. Selbst wenn ich auf meinem Anrufbeantworter mit schmelzender Stimme und heiter-erfreut behaupte, mich über den Anruf zu *freuen* und abends *gerne* zurückrufen zu wollen: Wie soll man dieser Botschaft trauen dürfen? Noch absurder sind die »witzigen« und »persönlichen« Einschübe bei der Computerkommunikation, wo man häufig per Bildschirm ermuntert, gelobt oder bedankt wird. Hier wie auch beim Anrufbeantworter gerät der Mensch in ein offensichtlich verwirrendes Beziehungsspiel, das die oben geschilderte Aggressivität noch verständlicher macht, als es die normale Frustration über das Fehlen der »persönlichen Atmosphäre« ist.

Um diesen Tatbestand genauer zu analysieren, bedarf es einiger zusätzlicher Erläuterungen: Was Watzlawick als »Beziehungsebene« jeder menschlichen Kommunikation bezeichnete, wurde von E. Goffman sehr viel detaillierter vor allem hinsichtlich der Unterhaltung, also der sogenannten Konversation, untersucht. Seinen Überlegungen zufolge ist diese Form von Alltagsunterhaltung nur relativ locker mit der Umwelt verknüpft (im Gegensatz etwa zur Handlung, die die Umwelt gestaltet und verändert), was sie besonders anfällig macht für verschiedene Arten von »Transformationen«; so nennt Goffman zusammenfassend jene Aktionen, die eine als »wirklich« gedachte Realität sozusagen »kopieren«, etwa indem sie sie täuschend verzerren, übersteigern, durch Ironie relativieren, durch eine dramatische Erzählung darüber verändern oder eben als »Spiel« nachahmen (wie im Theater). Die Unterhaltung kennt ganz bestimmte Strategien, um den Inhalt der Rede zu »transformieren«, das heißt, um anzugeben, in welcher Art man jeweils noch mit der Ursprungswirklichkeit verknüpft bzw. wie weit man von ihr distanziert ist. Die Erzählung – wesentlicher Bestandteil einer jeden Konversation – ist gekennzeichnet durch eine besonders große Anzahl von »modulatorischen Strategien«, wie Goffman eine bestimmte Art von Transformation nennt. Sie machen, gut angewandt, die Konversation zu einer Kunst, in der ihr wesentlichstes – die Erzeugung einer wohldosierten Spannung – erreicht wird.

Die Alltagsrede, so Goffman, ist weniger von Informationen, Befehlen, Entscheidungen oder der Mitteilung innerer Zustände geprägt als von einer Art »Darbietung« von Erlebtem, die – in gewisser Analogie zum Theaterstück – dem Publikum so vorgeführt wird, daß es den Darbieter mit Sympathie und Verständnis belohnt. Um diese Wertschätzung zu erreichen, bedarf es eben jener Strategien des jeweiligen Erzählers, durch die er sich vom Erzählten, je nach Bedarf, ein wenig distanzieren kann. Ernst und Unernst sind dabei miteinander verzahnt; die gute Alltagskonversation zeichnet sich aus durch eine Art von komplizenhaftem Zusammenwirken von Erzähler und Zuhörer sowie durch – wie Goffman es nennt – eine Art

»Komplizenschaft mit sich selbst«, wobei aber jeder weiß, daß gewisse »Täuschungsmanöver« stattfinden. Die benutzten Strategien entstammen dem Arsenal verbaler und averbaler Konversationsmittel: eingestreute Satzteile (»wenn Sie mich fragen...«, »was mich betrifft...«, »ob Sie es glauben oder nicht...«), die Benutzung von Mehrfachbedeutungen eines Wortes, Seufzen, Verdrehen der Augen, Nachahmungen, Einschübe in direkter Rede etc. All dies verringert gewissermaßen die Verantwortung des Sprechers für die Darbietung der jeweiligen Szene, wodurch er sich die Wertschätzung des Zuhörers sichern will. Auf diese Weise wird der Zuhörer nicht mit Meinungen und Informationen bombardiert, sondern auf anregende Art eingeführt in ein kleines Drama, das ihm Spannung bereiten soll, das ihm aber auch die Gelegenheit zum Sich-Entziehen, zum Mitspielen, zum Verändern gibt.

Wenn man sich dieser Sicht der Alltagskonversation anschließt – und ich denke, daß damit ein wichtiger Teil unserer alltäglichen Kommunikation recht treffend beschrieben ist –, dann wird noch klarer, weshalb die elektromagnetische Vermittlung gerade der Alltagskonversation auf solche Schwierigkeiten stößt. Typischerweise werden die Schwierigkeiten des Telefonierens ja sofort geringer, wenn wir kurze, geschäftliche Mitteilungen zu machen haben. Es gibt Referenten in Verwaltungsstellen, die jahrelang reibungslos nur über das Telefon kommunizieren und dies als außerordentlich entlastend empfinden. Im Vordergrund stehen hier nicht die kleinen »Täuschungen«, die »Als-ob-Spiele«, es geht meist um Fakten auf der Inhaltsebene. Überschreiten wir aber die Schwelle der Informationsvermittlung, fallen sofort wesentliche und wichtige Strategien der Alltagskommunikation weg, zuvörderst die averbalen, aber auch die wichtigen »paralinguistischen«. Die Stimme hat einen anderen Klang, der situative Kontext ist unbekannt (wie sitzt, steht, liegt der andere; wo tut er das; worauf heftet sich sein Blick?). Mimik und Gestik können nicht mehr benutzt werden, dem meist wohlvertrauten »Spiel unter Komplizen« fehlen sofort wesentliche Elemente. Man kennt das: Ein Schweigen wird plötzlich nicht mehr interpretierbar: Hört der andere noch zu? Ist die Leitung unterbrochen? Ist er gelangweilt oder betroffen?

Die Telefonkonversation ist so immer von der Gefahr des allzu Gewichtigen bedroht; sie leidet unter der Tatsache, daß Hörer und Sprecher sich alleingelassen fühlen und damit ihre »Komplizenschaft« gestört wird. Wann darf ich sprechen? Wieviel Ironie versteht der andere? Hat er meinen Einschub an direkter Rede plus Nachahmung des Dargestellten auch so wie gemeint verstanden? Dies alles erzeugt oft das unangenehme Gefühl, man könne telefonisch nichts »Richtiges« sagen, wobei die Alltagskonversation das »Richtige« eben gerade in jener gewollten Distanzierung vom Erzählten sieht.

Die bisher einigermaßen verläßlichen Mittel, durch die man all dies interpretieren kann, versagen. Eine Aussage kann plötzlich – losgelöst von vielen averbalen und paralinguistischen Relativierungsstrategien – als viel zu streng oder diktatorisch erscheinen. Zwar bleiben die verbalen Mittel noch immer übrig und werden auch benutzt – aber das ganze wirkt sich auf das Gefühlsleben recht verwirrend aus, weil automatisch ablaufende Orientierungen plötzlich fehlen oder falsch eingesetzt werden.

Zu den automatisch ablaufenden Orientierungen gehören neben den eher kognitiven (man »versteht« in der face-to-face-Kommunikation meist, was jene ironische Wendung, jener Einschub, jene Nachahmung bedeutet) auch gefühlsmäßige Konsequenzen. Um dies genauer abzuklären, müssen wir noch andere Erfahrungen darstellen.

Als die ersten therapeutischen Computerprogramme entworfen wurden (»Eliza« betitelte sich dasjenige von Weizenbaum), zeigte sich ein interessantes und gleichzeitig bewegendes Phänomen: Menschen, die ihre Sorgen und Nöte dem Computer anvertrauten (und von ihm recht simple Standardantworten erhielten, etwa: »Das ist wichtig – erzählen Sie weiter«, »Sie fühlen sich also nicht sehr wohl«, »Beschreiben Sie dies etwas genauer« etc.), fingen an, ihren Computern gegenüber Gefühle zu entwickeln. Sie taten dies irrationalerweise auch dann, wenn sie wußten, daß sie mit einem Apparat kommunizierten, ja manche von ihnen akzeptierten dieses Wissen einfach nicht und fantasierten sich einen liebevollen Vater oder eine warmherzige Mutter, die *hinter* dem Computer stehen mußten. Daß intime menschliche Kommunikation in solch grotesker Weise getäuscht werden könnte, wollte der Gefühlsteil mancher Menschen nicht wahrhaben.

Der einfachen Frustration, daß man durch die Maschine um eine »volle« menschliche Kommunikationsleistung gebracht wird, folgt also eine recht komplexe Gefühlsverwirrung.

Diese Gefühlsbereitschaft ist zweifellos immer vorhanden und ansprechbar. Die Interaktion per Telefon, per Anrufbeantworter oder Computer entbehrt aber nun einiger vertrauter und gut gelernter Elemente, die wir auch einigermaßen sicher decodieren können. Die Elemente jedoch, die wir vorfinden, sind nicht ganz und gar fremd, sondern erinnern (oft in »täuschender Weise«) an die normale Gesprächsinteraktion. Wir probieren daher die alten Decodierungsmuster aus und geraten damit auf unsicheres Terrain. Hat jener metallische Klang in der Stimme des Telefonpartners seine Ursache in seinem Distanzierungsbegehren, in der Tatsache, daß er ungerne telefoniert, oder in der Eigenart der elektronischen Stimmverzerrung? Der dadurch bei mir entstehende Gefühlszustand kann nicht recht bewertet werden, muß gleich wieder der Relativierung verfallen und läßt viele Gesprächsteilnehmer in Verwirrung zurück. Deshalb gibt es, wie wir wissen, so viele Arten von Telefonphobikern. Eine genauere Analyse ihrer Phobie würde zweifellos zur Analyse spezieller Probleme auch in der Alltagskommunikation beitragen. So gibt es z. B. denjenigen, der den *Beginn* des Gesprächs fürchtet. Er fällt allzuleicht mit der Tür ins Haus. Oft ergibt sich, daß er auch im täglichen Umgang mit der Einleitung eines Gesprächs nicht gut fertig wird und nur über ein recht beschränktes Repertoire dafür verfügt. Per Telefon läßt sich eventuell gerade dieses Repertoire nicht verwenden, und so fühlen sich solche Menschen beim Telefonieren hilflos und dumm. Meist lassen sie sich lieber anrufen, als daß sie selbst aktiv werden. Anderen gelingt das Vorgeplänkel prächtig, sie sind auch im Alltagsleben darin erfindungsreich und können einiges davon hinüberretten in die Beschränkungen der Telefonsituation. Soll aber etwas wirklich Wichtiges abgeklärt oder ausgehandelt oder eine spannende Erzählung reproduziert werden, dann »passen« sie und vertrösten auf später. »Telefonisch kann ich das schlecht sagen«, stammeln sie.

Nicht jeder allerdings hat eine Telefonphobie, es gibt – im Gegensatz dazu – sogar Menschen mit der sogenannten »Telefonitis«. Einige davon, so ist zu vermuten, haben schon neue, dem Medium angemessene Strategien entdeckt. Sie verstehen es zum Beispiel besonders gut, Averbales in Verbales umzugießen; bei manchen scheint auch die Stimme dem elektromagnetischen Medium besonders gut zu entsprechen: der warme (erotische, kindliche, zarte) Ton gewinnt solches Übergewicht, daß sie allein durch den Stimmklang eine Art von »Transformation« des Gesagten besser durchführen können als in der face-to-face-Kommunikation.

Wieder andere benutzen die Medien ganz gerne zur Tarnung: Ihrer averbalen Strategien nicht sicher genug, freuen sie sich an der nunmehr nötigen Reduzierung. Erröten oder dauerndes nervöses Zucken bleibt unentdeckt, wodurch sie sich freier fühlen.

Die Vorliebe mancher Menschen für die Telefonseelsorge liegt möglicherweise darin begründet. Man getraut sich nicht, als »ganze Person« seine schuldbeladene Problematik zu formulieren – allzu schäbig, so meint mancher, stünde er dann da.

Vielleicht werden die Generationen nach uns es besser lernen, die Eigengesetzlichkeit von elektromagnetisch vermittelter Kommunikation in ihre Konversationsstrategien einzubauen und die daraus sich ergebenden Gefühlskonsequenzen in den Griff zu bekommen. Die Routine der mediengerechten Kommunikation wird wohl auch hier von der großen Anpassungsfähigkeit des Menschen profitieren. Ob wir es dabei eher mit »Verarmungen« an Kommunikation oder mit einer neuen Kunstform zu tun bekommen: Wer kann das voraussagen?

Literatur

Goffman, E.: Rahmenanalyse. Frankfurt/M. 1977
Watzlawick, P., Beavin, J. H. und Jackson, D. D.: Menschliche Kommunikation. Stuttgart 1969

6. Erziehung als Gewaltakt –
   Die ganz normale Familie

1. Gewalt ist relativ

Was man jeweils unter familiärer Gewalt zu verstehen hat, ist –
außer in Extrembereichen – weitgehend abhängig von gesell-
schaftlich-durchschnittlichen Alltagsvorstellungen oder von
wissenschaftlich reflektierten Überlegungen über eine implizit
mitgedachte »Idealform« der Kommunikation zwischen Eltern
und Kindern. »Wer seinen Sohn liebt, der züchtigt ihn« als Leit-
satz der berüchtigten »Schwarzen Pädagogik« steht z. B. in
krassem Gegensatz zu Gordons (1972) Programm der »Familienkonferenz«, das im Idealfall, wie Gordon es ausdrückt,
»...den Beweis erbringen kann, daß in der Kindererziehung
ein für allemal auf Bestrafung verzichtet werden kann – und ich
meine damit jede Art von Bestrafung, nicht nur die körperliche Züchtigung« (S. 13). In einem zusammenfassenden Anhang dieses weitverbreiteten Buches (S. 309 ff.) werden denn
auch alle möglichen Arten von typischen Elterninterventionen
aufgezählt, die allesamt offensichtlich geeignet sind, Kinder
zu beleidigen und zu demütigen. Obwohl vieles davon bekannt sein dürfte, zitiere ich einiges, um damit den weiten Bo-
gen zu kennzeichnen, der von der »Schwarzen Pädagogik« bis
zur Humanistischen Psychologie reicht: »Wenn du nicht auf-
hörst zu trommeln, werde ich böse«, »Sei nicht traurig, es wird
alles gut werden«, »Hast du dir die Hände gewaschen, wie ich
es dir gesagt habe?«. All dies sind, so meint Gordon (der auf
den Grundsätzen der Humanistischen Psychologie fußt), Bei-

spiele für sublime verbal-aggressive Erziehungsmaßnahmen. Darunter versteht er jedes Übergehen der Bedürfnisse und Absichten eines Kindes, jedes nur »von außen« aufgezwungene Gesetz, das den inneren Zustand eines Kindes nicht beachtet. In diesem Sinne ist eben selbst das freundlich klingende »Sei nicht traurig« eine Art von Taktlosigkeit, da das Kind ein Recht auf seine Traurigkeit hat.

Es ist für durchschnittliche Eltern mit ihren durchschnittlichen Alltagssorgen vermutlich sehr verlockend, sich über dergleichen zu mokieren, und auch den Fachmann könnte es reizen, darüber eine bissige Glosse zu verfassen. Trotzdem: Jeder Fachmann kann natürlich ebenso wie Gordon mit ganz guten Argumenten begründen, warum diese doch eher harmlos klingenden Alltagsbemerkungen tatsächlich einen Kern Aggression in sich bergen. Die sich hier zeigenden als aggressiv gekennzeichneten, also sublim gewalttätigen Kommunikationsformen entspringen offenbar völlig anderen gesellschaftlichen Bedingungen, als es diejenigen der für uns unerhört grausam wirkenden der »Schwarzen Pädagogik« sind. Diese beruhen auf Konzepten vom Kind, die uns heutzutage recht fremdartig anmuten. Bossuet (1627–1704) wie auch der immer als »sanft« apostrophierte Franz von Sales (1567–1622) sehen das Kind z. B. als eine Art »Tier«. »Nicht nur bei unserer Geburt, sondern auch noch während unserer Kindheit sind wir wie Tiere, denen es an Vernunft-, Denk- und Urteilsfähigkeit fehlt.« (Franz von Sales)

Daneben entwickelt sich auch noch die Vorstellung vom Kind als »Sünder«. Badinter (1982) zitiert eine große Anzahl von Pädagogen des 17./18. Jahrhunderts, die immer wieder vor den schlechten Instinkten und dem lasterhaften Benehmen der kleinen Kinder warnen.

Descartes (1596–1650), der große Rationalist, sieht vor allem die intellektuellen Defizite der Kinder und bedauert diese zutiefst. Daß wir durch eine solch lange Periode des Irrtums gehen müssen, so meint er, hindert den Erwachsenen entscheidend an der Erforschung der reinen Wahrheit.

Aber auch als kleine Maschinen empfindet man Kinder sehr oft: seelenlos, wesenlos, mechanisch funktionierend. Kinder spielen – und dies ist die Konsequenz – entweder keinerlei Rolle – »Mutterliebe ist kein ubiquitäres Phänomen« (Badinter) –, oder sie müssen hart angefaßt, dressiert und immer wieder bestraft werden, damit sie endlich zu tugendhaften Vernunftwesen heranwachsen. Gute Erziehung besteht in Strenge plus Dressur. Empathie ist nicht nur nicht gefragt, sie wird sogar mit einem gewissen Mißtrauen verfolgt; es könnte ja die gefürchtete »Verwöhnung« eintreten. Juan de Vives (17. Jh.) spricht es fast drohend aus: »Die Mütter verderben ihre Kinder, wenn sie sie mit Wollust stillen.«

Dementsprechend werden Kinder auch vernachlässigt und mißhandelt, oft dem Tode preisgegeben.

Welche Spannweite zu den vorsichtigen Formulierungen, die Gordon vorschlägt, wenn man als Elternteil einem Kind tatsächlich etwas verweigern oder verbieten muß!

2. Kinder sind ein kostbares Gut

Was ist dazwischen passiert?
– Das Kind wird entdeckt.

Die Französische Revolution, die Aufklärungsphilosophie und ein durch die beginnende Industrialisierung gesteigertes Bewußtsein für den Wert der »Ware Arbeitskraft« führen dazu, daß man sich nun mehr Gedanken um den Nachwuchs macht. Der Mensch wird wertvoll in seiner Quantität, aber – und dies ist das Werk der Aufklärungsphilosophen und der Französischen Revolution – auch in seiner Qualität. *Alle* sollen gleich, frei und glücklich sein dürfen – auch die Kinder. Auf dieser Basis machte Rousseau die ersten Versuche, den kindlichen Seelenregungen nachzugehen, ihre körperlichen und emotionalen Bedürfnisse zu verstehen – Versuche, die die deutsche Romantik verfeinert und weiterentwickelt hat. Es dauert noch lange, bis sich dies auch in der alltäglichen Erziehungspraxis niederschlägt, aber: das »Kind als Eigenwesen« wird als *Idee* am Ende des 18. Jh. geboren. Ein Jahrhundert später wird dann die Psychoanalyse aus den moralischen Forderungen der Aufklärungsphilosophen quasi-ärztliche machen: Das Kind muß und soll von einer gesunden und glücklichen Mutter erzogen werden, damit es selbst gesund und relativ frei von Neurosen aufwachsen kann. Um die komplizierten Seelenregungen des Kindes zu verstehen, bedarf es allerdings zu diesem Zeitpunkt schon hoher Kompetenz an Empathie. Mütter werden nun strengstens gewarnt, wenn sie zum Beispiel ihre Kinder nicht oder nicht in der rechten Art stillen. Der zeitgenössische Psychoanalytiker Winnicott sagt über das, was die »gute Mutter« ausmacht: (Es ist) . . . »die Fähigkeit, sich den Bedürfnissen des Kindes anzupassen, in der psychologischen Verlängerung der intrauterinen biologischen Beziehung um einige Wochen nach der Geburt« (zit. nach Badinter, 1982).

Diesem ersten Ort und Zeitpunkt der Empathie – dem Pflegen und Stillen der ersten Wochen – wird in der Folge enorme Bedeutung auch und gerade für das Seelenleben beigemessen. Im 17./18. Jahrhundert galt das Stillen bis hinunter in einfache Kleinbürger- und Handwerkerkreise nicht nur als lästig und zeitraubend, sondern darüberhinaus als ordinär.

Die Verlängerung der Empathievorstellung auch auf spätere Zeiten der Kindheit finden wir dann massenweise in allen Handbüchern der Kindererziehung. Mit immer größerer Sensibilität wird darin versucht, die Bedürfnisse der Kinder zu verstehen und einen möglichst schmerzarmen Kompromiß zu finden zwischen diesen und den notwendigen Beschränkungen durch die Erwachsenenwelt. Übrigens hat Freud selbst sich angeblich geweigert, Erziehungsratschläge zu geben, weil jede Erziehung »immer scheitern« müsse. Für ihn war ja – ins Moderne übersetzt – Kindheit im Grunde wiederum der »Ort der Sünde« – diesmal aber nicht gesehen als ein auszumerzendes Übel; diesmal wird sie betrachtet mit dem Blick des Arztes, der unausrottbare Viren und Bakterien am Werke sieht, denen man mit noch so viel Hygiene nicht beikommen kann. Freuds Schüler empfanden da ganz anders und dachten sich sehr viele »hygienische Maßnahmen« aus. Seine sozusagen jüngsten Urenkel – die Humanistischen Psychologen – ließen allerdings auch noch die Vorstellung von der Kindheit als »Ort der Sünde« fallen und das Kind wiederum eintreten ins Paradies; die Erwachsenen haben sich einfach nur davor zu hüten, dieses Paradiesgärtlein zu zertrampeln. Die Ratschläge eines Gordon, einer Satir oder Axline spiegeln denn auch den Empathiegedanken in recht idealistischer Weise wider.

– Das Individuum wird (neu) entdeckt und gleichzeitig in seiner Fragilität erkannt.

Wie u. a. Cohen und Taylor (1977) resümieren, war das Individuum in einer stark traditionellen Gesellschaft (also etwa im vorindustriellen Europa) noch einigermaßen gesichert aufgehoben in der gesellschaftlichen Realität. Man fühlte sich als »Vater«, »Feudalherr«, »Bauer« oder »Handwerker« in seiner Eigenart noch nicht bedroht und war gerade durch die Mitwirkung an der Gesellschaft etwas »Besonderes«.

Dies ändert sich in der Moderne radikal. Die Gesellschaft bietet nun keinen Ankerplatz mehr für das »ganz Spezielle«, das »ganz Eigene« – man empfindet sie, ihrer Komplexität und Unübersichtlichkeit wegen, als entfremdet und entfremdend. Man fühlt sich – beruflich und sozial – nur als ein anonymes Rädchen, normiert, kalkulierbar und vor allem: austauschbar. Die Individualität muß jetzt ganz anders ausgedrückt werden: Im »ganz anderen« – (das Hobby, die Abenteuerreise, die Sekte...) oder im Ausbruch aus allen Normen; aber auch im »ganz innen«, also in der Einzigartigkeit der Person, der man durch Selbstreflexion, Meditation und ähnliches begegnet, kann Individualität gewonnen werden. Dieser Weg »nach innen« (in der Romantik wurde er erstmals beschritten und dokumentiert, so z. B. im »Magazin zur Erfahrungsseelenkunde«, herausgegeben von Karl Philipp Moritz) ist bedingt durch eine ganz besondere Fähigkeit des Fühlens und des Mitfühlens. Die eigenen Seelenregungen sowie die der anderen werden benennbar und damit einfühlbar.

Von Soziologen, Sozialhistorikern und Sozialpsychologen wird von Beginn dieses Jahrhunderts an immer häufiger eine »Krise« der Familie konstatiert. Sie scheint die letzte Konsequenz jener Suche nach Individualität, die man nun auch im Intimbereich der Kleinfamilie zu finden hoffte. War die Familie früher Arbeits- und Produktionsgemeinschaft, so wird sie nun aufgeladen mit privaten Gefühlen. (Shorter, 1983)

Die meisten Familiensoziologen sprechen von der Überfrachtung der Kleinfamilie mit Gefühlen – sie wird also *der* bevorzugte Ort der Empathie, was aber gleichzeitig ihre Krise herbeiführt.

Allgemein anerkannt ist die Tatsache, *daß* die Familie in einer Krise ist: Sie vermittelt nicht mehr unhinterfragt Normen, die Rollenpositionen sind unsicher und ihre identitätsbildende Funktion kann nicht mehr ohne weiteres angenommen werden – ja, oft wird sie sogar als identitätszerstörender Ort ganz generell (z. B. bei Cooper, 1973) verteufelt. Unterschiedlich allerdings werden die Lösungsmöglichkeiten für diese schwierige Situation gesehen: Abschaffung der Familie auf der einen Seite (Wohngemeinschaften, kollektive Erziehung... etc.), Restauration der Familie auf der anderen. Dazwischen liegen alle Versuche zur subtilen Veränderung der alten Familienstrukturen, etwa durch Demokratisierung oder eben durch die forcierte Einführung des Empathieprinzips.

Einem Kind »Gewalt antun« kann also auf dieser Basis offensichtlich sehr vieles heißen. In der Tradition der Humanistischen Psychologie ebenso wie in der Narzißmustheorie (als deren populärste Exponentin ist wohl Alice Miller zu nennen) versteht man darunter jede Maßnahme, die geeignet ist, das Kind in der Wahrnehmung seiner eigenen Triebe, Wünsche und Empfindungen zu verunsichern, sie ihm »wegzunehmen«, auszureden, umzudeuten, um entweder das Kind zu einem Abziehbild der eigenen realen Person oder der Idealperson, die man sein möchte, zu machen. Und damit, so zeigt A. Miller auf (und steht damit in einer längeren Tradition), wird die Identitätsbildung gestört oder unmöglich gemacht. Die Idealform menschlicher Kommunikation (und hier im speziellen: erzieherischer Kommunikation), die hier Pate steht, besteht also in einer betonten Respektierung und Heraushebung des je Einzigartigen; in einem innigen Verständnis dessen, was der andere erlebt. Das Zauberwort heißt »Empathie«, und jeder Umgang mit dem Kind, der diese vermissen läßt, wird als – im Keime – gewalttätig angesehen.

Könnte man nicht damit zufrieden sein, daß nun das Zauberwort gefunden wurde? Das subtile Verständnis füreinander, das Achten auf die Bedürfnisse des anderen: Könnte dies nicht wirklich dazu dienen, gestörte Identität gesunden zu lassen?

Es klingt alles fast *zu* schön, um wahr zu sein. Autoren wie Pohlen, Spangenberg, Erdheim oder Morgenthaler haben dieses Konzept denn auch schon kritisch hinterfragt, und ich möchte mich in einigen Punkten ihren Fragen anschließen.

Daß eine Erziehungsstrategie mit solcher Vehemenz durchgesetzt werden soll, bedeutet ja wohl, daß häufig dagegen verstoßen, also: offene oder sublime Gewalt ausgeübt wird, allerdings – anders als zu Zeiten der Schwarzen Pädagogik – geschieht dies meist mit schlechtem Gewissen.

Wenn wir die Krise der modernen Familie als eine gesellschaftliche begreifen – als eine, deren kritisches Moment gerade in ihrer gefühlsmäßigen Belastung, ihrer illusionär erträumten »Stiller-Hafen«-Funktion liegt –, dann wäre es ziemlich unsinnig, die dort häufig ausgeübte Gewalt als eine nur individuelle Bösartigkeit oder Unfähigkeit zu sehen. »Nur«-individuelle Anstrengungen werden diese Familie dann auch nicht zur »heilen« machen. Es ist vielmehr zu befürchten, daß – wie Spangenberg dies ausdrückt – gerade der Mythos von der heilen Familie (ebenso wie derjenige vom unschuldigen Kind) ein besonders wirksames Unterdrückungsinstrument darstellt. Unterschlägt es doch (und produziert damit Schuldgefühle) die Tatsache, daß die gesellschaftlich-sozial nicht auslebbaren Frustrationen, die gesellschaftlich produzierten Ängste sich in die familiären Interaktionen hinein fortpflanzen müssen und daß dies mit noch so viel Miteinander-Reden und -Fühlen nicht beseitigt werden kann. Auch mit noch so viel empathischer Liebe und Sorge füreinander ist vermutlich – so ist zu befürchten – oft nicht viel mehr zu erzielen als die von H. E Richter beschriebene angstneurotische »Sanatoriumsfamilie«, und spätestens in der Adoleszenz bekommen auch viele verwöhnende Mittelstandseltern die Rechnung präsentiert: Die Jugendlichen werden depressiv oder aggressiv, wenden sich ab; zur Null-Bock- und zur freudlosen No-Future-Generation gehören ebenso oft freundlich erzogene Mittelstandskinder wie die protestierenden Rebellen der achtziger Jahre. Die »reine« Empathie (wie wir sie häufig von der gesellschaftskonformen Humanistischen Psychologie vorgeschrieben bekommen, aber auch Psychoanalytiker sind dagegen nicht gefeit) als Rezept für die Heilung des Individuums in der Familie ist oft nichts anderes als die Angst vor der eigenen Gewalttätigkeit; das dauernde Scheitern auch der durchschnittlich-freundlichen Eltern bei ihren Bemühungen zeigt jedoch sehr deutlich, wie brüchig diese Abwehr ist.

Hier ist zu sprechen von der »ganz normalen« Familie, also nicht von derjenigen, in der Kinder mißhandelt und mit brutalsten Methoden zur Ordnung dressiert werden. Diese »ganz normale« Familie erweist sich bei näherem Zusehen immer wieder als ein Ort von Unfrieden und gewaltig schlechtem Gewissen. Dies aber, so meine ich, ist nicht mit der Forderung nach »noch mehr Empathie« zu besänftigen – im Gegenteil. Gerade diese Empathie macht unser Gewissen häufig noch »schlechter« und setzt die bekannte unheilvolle Spirale von Schuldgefühl und Aggression in Gang.

Erziehung ist notwendigerweise *auch* Gewaltausübung – und ob dies zum besseren oder zum schlechteren des Kindes geschieht, ist weder von vornherein noch in der Retrospektive je ganz aufzuklären. Diese »Gewalt« bezieht sich auf die notwendigen Brechungen kindlich-individueller Bedürfnisse ebenso wie auf diejenigen »unnötigen« Gewaltpotentiale, die als gesellschaftliche Frustration in uns produziert werden. Wir werden die Gewalt nicht los – und je mehr wir uns schütteln, desto hartnäckiger klammert sie sich an uns fest. Das Ideal der Friedfertigkeit, der heilen Welt, der schönen Familienidylle vor Augen, wird uns das Elend dieser familiären Inselwelt noch deutlicher. Die schreckliche (»gewalttätige«) Forderung nach mehr Empathie verstört und verwirrt uns, weil wir auf dieser Folie unsere eigene Unzulänglichkeit besonders deutlich sehen. Wer hat noch nie seinen Partner gehaßt, seine Kinder zum Teufel gewünscht, die ganze Familie in Gedanken in ferne Länder versetzt? Wer hat sie noch nicht sublim verhöhnt und verletzt, ihre dringlichen Worte überhört oder heuchlerisch ihr »Bestes« gewollt? Wo bleibt da die Empathie für jene uns anvertrauten hilf- und schutzlosen Wesen?

Wenn man derartiges erlebt hat, dann müßte natürlich die Konsequenz nicht sein, daß man seiner Gewalttätigkeit sozusagen »freien Lauf« läßt, sondern daß man sie *akzeptiert* als notwendigen Anteil einer Gewalt, die gesellschaftlich vorgeformt in uns selbst wiederzufinden ist. Damit, so meine ich, könnte das allzu hektische bewußte Erziehen, die Ideologisierung des Kindes, ebenso gebremst werden wie die plötzlichen brutalen Durchbrüche von Gewalt.

Wenden wir uns nun der Familientherapie zu, die ja eine Antwort auf diese moderne Familienstruktur darstellt.

3. Rettungsversuche durch Familientherapie

Die These von der schon lange schwelenden »Krise der Familie« wird nach dem Zweiten Weltkrieg auch von den Therapeuten aufgenommen. Brodkin (1980), eine amerikanische Soziologin, hat sehr klar aufgezeigt, daß in einer ersten Phase (etwa nach dem Zweiten Weltkrieg) die Entdeckung, daß nicht so sehr die intrapsychischen Konflikte krankmachend sind als vielmehr die Unterdrückung durch die gesamte Familie (zuerst: durch die Mutter), zur ersten Familientherapiebewegung führte (Bowen, Lidz, Whitaker, Palo-Alto-Schule... etc.). Diese setzte es sich zum Ziel, das Individuum zu retten, indem man versuchte, den Umgang miteinander zu verändern. Eine lineare Betrachtungsweise herrschte vor. Die Familie als solche wurde noch nicht angegriffen. Erst in einer zweiten Phase – in den sechziger und siebziger Jahren – wird die Familie als Ganzes in Frage gestellt. Die Antwort darauf ist, nach Brodkin (1980), die Systemische Betrachtungsweise, in der das Ganze der Familie gerettet werden soll. Systemische Familientherapie basiert in jedem Fall *nicht* darauf, daß die Familienmitglieder Einsicht in ihr Verhalten bekommen. Die Familie ist nun nicht mehr nur »krankmachend«, sondern selber »krank« und muß als solche behandelt werden. Die Therapie wird – nach Brodkin – »an exercise in social engineering«, also eine Art überindividuelle Reparaturwerkstätte dieser so sehr angegriffenen und nicht mehr funktionierenden Institution. Da nicht mehr das Individuum so sehr wichtig ist, sondern das System, ändern sich die Methoden drastisch und sind nun so gestaltet, daß nicht mehr der einzelne im Mittelpunkt steht, sondern die Familie als Ganzes. *Wer* innerhalb des Familienverbandes krank oder gestört ist, hat keine so große Bedeutung mehr. *Daß* einer krank ist, zeigt an, daß das Familiensystem im gesamten nicht funktioniert, und häufig wechseln denn auch die Symptomträger. Geachtet wird darauf, ob bestimmte, als wichtig erachtete Konstellationen erhalten bleiben: Die Eltern als eine Einheit, die vom Kinderkollektiv klar getrennt ist, spielen eine wichtige Rolle; die Grenzen zwischen den Individuen und den sogenannten »Subsystemen« dürfen nicht allzu starr, aber auch nicht verschwommen sein – und ähnliches mehr. Der Familientherapeut hat immer das »System« im Auge und dirigiert die Familienmitglieder in einer Form, die zu einem möglichst adäquaten Funktionieren dieses Systems führen soll.

Empathie: nicht gefragt?

Wichtig ist nicht mehr Empathie oder Einsicht in verborgene Konfliktzusammenhänge, wobei jedes Mitglied der Familie seine eigenen Motive und ihre Abwehr verstehen lernt und sich daher auch mit denen der Familienpartner besser auseinandersetzen kann. Im Gegenteil: Oft kann man den Eindruck gewinnen, daß individuelle Widerstände und Abwehr durchbrochen und überrannt werden. Die Familie wird nun sehr stark von außen her gelenkt. Die Methoden sind bekannt: Umdeutungen, strenge Direktiven, paradoxe Aufforderungen, wechselnde Parteinahme, Befestigung hierarchischer Strukturen durch entsprechende »Aufgaben«.

Alles dient immer wieder demselben Ziel: Die Familie muß, gemäß definierten Systemgesetzen, wieder funktionieren, das heißt, die Eltern müssen ihren Platz finden ebenso wie die Kinder, die einen dürfen von den anderen weder zuviel noch zuwenig wissen etc. Welches Maß davon dem Individuum jeweils bekömmlich ist, kann aber nicht explizit ausgemacht werden – es bleibt schließlich doch dem Fingerspitzengefühl des Therapeuten überlassen, den eben der Mangel an Kenntnissen über das Individuum oftmals in Sackgassen geraten läßt.

Brodkin gibt als dritte und derzeitig gültige Phase die der »Zwiespältigkeit« an; man weiß offenbar nicht mehr so recht, ob eigentlich das Individuum wichtiger ist oder die ganze Familie. Ich denke, daß diese Zwiespältigkeit bei uns seit langem oder vielleicht immer unter den meisten Familientherapeuten vorherrschend war und daß sie sich in ihrer realen Praxis selten einem ganz und gar Systemischen Ansatz verschrieben haben. Trotzdem: Dieser Ansatz existiert, und ich habe auch viele Demonstrationen gesehen, in denen er relativ »rein« praktiziert wurde. Ich war dabei vom gleichen bewundernden Schock gepackt wie vermutlich die meisten Therapeuten, die – auf Einzeltherapie getrimmt – die subtile Empathie und das Hervorlocken von Einsichten auf ihr Banner geschrieben haben.

Es ist nicht schwer nachzuweisen, daß eine ganze Reihe der oben geschilderten Therapietechniken sowie der Therapieziele der Systemischen Therapie genau dem entsprechen, was wir in unserer oben geschilderten recht verfeinerten Humanistischen Psychologie-Idealnorm von Beziehungen in der Familie schon als sublime »Gewalt« verstehen müssen. Die Aufforderung, »Ich möchte gerne, daß hier die Kinder sitzen und dort die beiden Eltern« – so gut wir sie vom Systemischen Ansatz her verstehen –, muß einem empathischen Einsichtsapostel recht gewaltsam vorkommen. Der Systemische Therapeut berücksichtigt überhaupt nicht, *warum* zum Beispiel das Jüngste sich zwischen Vater und Mutter gedrängt hat und welche Funktion dies für das Erleben von Vater und Mutter hat. Zweifellos können wir diese Aufforderung als eine »Anleitung«, fast als einen »Befehl« ansehen. Hören wir dazu zum Beispiel Gordon: »Diese Botschaften (Anleitungen und Befehle) sagen einem Kind, daß seine Empfindungen und Bedürfnisse nicht wichtig sind; es muß sich dem unterwerfen, was der Elternteil (hier: der Therapeut) empfindet oder braucht.« In der Systemischen Intervention wird all dies nicht weiter reflektiert. Es soll, wie wir wissen, nur eine wichtige Regel des gut funktionierenden Familiensystems wiederhergestellt werden, nämlich: Das Elternsubsystem muß sich vom Kindersubsystem klar unterscheiden, und feste Koalitionen müssen vermieden werden. Wir kennen die Argumente, warum dies so gemacht wird, und auch, daß es gut funktionieren kann. Allerdings sind wir auf wirklich gute Evaluationsstudien erst noch angewiesen (siehe auch Heekerens [1985] für die klientenzentrierte Familientherapie).

Nehmen wir ein anderes Beispiel: Die Eltern eines Halbwüchsigen, der extremer und demütigender Bevormundung wegen einen fast tödlich verlaufenden Suizid versucht hat, haben gegen seinen Willen seine Ferien in einer von ihnen ausgewählten, ihm fremden Jugendgruppe geplant. Er ist empört und weint. Die Therapeutin sagt: »Karl – kannst du sehen, daß deine Eltern für dich sorgen, weil sie dich liebhaben?« In der darauffolgenden Besprechung frage ich sie, ob sie eigentlich wirklich glaube, daß elterliche Liebe diese Plan diktiert habe. Sie verneint dies, meint aber, man müsse dem Jungen auf diese Weise ein Gefühl dafür geben, daß er den Eltern etwas wert ist, »und vielleicht ist ja auch irgendwas dran«. Hier kommen wir, wie ich meine, den von Bateson, Wynne u. a. beschriebenen schizophrenogenen Situationen schon sehr nahe; und sicher gibt es eine ganze Fülle von Beispielen bei Alice Miller, die ein solches »Umdeuten« als eindeutig pathogen ansehen würde. Ein von Haley (1981) berichtetes Beispiel ist weniger kraß, zeigt aber doch solch deutliche Bagatellisierungstendenz, daß auch darob viele Empathietherapeuten den Kopf schütteln müßten. Es ist das Beispiel des 26jährigen jungen Mannes, der, sechsmal psychiatrisiert, nun seine Tage hauptsächlich im Bett verbringt, sich von den Eltern verpflegen läßt und nur nachts aufsteht, um in Bars zu gehen. Der Therapeut bezeichnet dieses doch sicher recht auffällige Verhalten (der Patient war früher aktiver Sportler gewesen) als ein »Formtief« und behandelt es auch so. Ich denke, daß sich die Beispielliste beliebig verlängern ließe. Systemische Therapie arbeitet, so viel scheint klar, mit einigen Methoden, die von einer Reihe von klientenzentrierten und psychoanalytischen Familientherapeuten und Einzeltherapeuten eindeutig als schädigende »Gewalt«-Methoden innerhalb der Familie gekennzeichnet werden.

Was ist daraus abzuleiten? Daß diese Therapien »schädlich« sind? Daß sie die prinzipielle Defizit-Struktur der Familie nur notdürftig verschleiern und – wie wiederum Brodkin es ausdrückt – die Familie auffordern, ihre »anomischen Mitglieder in einer fast bankrotten Firma wieder einzustellen«? Wir können und müssen – dies sei einschränkend vorangestellt – natürlich davon ausgehen, daß bei vielen der behandelten Familien schon solch grobe Schädigungen der Einzelmitglieder vorliegen, daß Therapie im Sinne der Krisenintervention nur mehr »Notfunktion« hat und eigentlich »jedes Mittel recht ist«, wenn es nur zeitweise Erleichterung bringt. Aber in dieser Funktion will sich auch Systemische Familientherapie natürlich nicht erschöpfen. Daher muß sie sich mit den oben genannten Fragen sicher auseinandersetzen.

Das heißt: Systemische Familientherapeuten müssen sich darüber klar werden, daß sie – auch mit noch so drastischen Methoden – die Familie nicht mehr heil machen können. Der drastisch-gewaltsame Eingriff – auch dies müssen Familientherapeuten bedenken – kann ebensogut der Angstabwehr dienen. Vermutlich wird den Familien auf diese Weise sehr viel Angstbewältigung abgenommen, und das heißt, daß der Therapeut Hilfestellung bei der Verdrängung leistet: Man muß als Familienmitglied eben nicht mehr im selben Maß ein schlechtes Gewissen haben wie bei den Empathiekonzepten, wenn man als 26jähriges Baby nur ein »Formtief« hat oder wenn man als schizophrene Tochter sich einfach für das Zusammenhalten der Eltern »aufopfert«.

Dies, so meine ich, muß von einem Systemischen Therapeuten jeweils mitbedacht werden. Seine Frage muß lauten: Wieviel an Einsicht in sublime Gewalt und daraus folgende Angst soll und muß ich der Familie ersparen, indem ich sie gewaltsam dirigiere? Und diese Frage ist sicher nicht als eine mildtätige gemeint. Man fragt sich dabei natürlich auch, wieviel an Verdrängung ein Familiensystem eigentlich ertragen und ob es den einzelnen Mitgliedern dabei wirklich immer gut gehen kann? Diese Verdrängungen werden durch einzelne Methoden der Systemischen Therapie gefördert oder gefestigt – gerade die dauernden Umdeutungen sind es ja, die destruktive oder sexuelle Impulse stoppen und auf diese Weise zwar ein »Funktionieren« des Individuums im Sinne der Abwehr ermöglichen, unter Umständen jedoch eben auf Kosten der Identitätsbildung. »Du bist ein braves Kind, gelt?« – ist sozusagen das erzieherische Pendant zu manchem systemischen Umdeuten, paradoxer Aufforderung etc. Man muß wissen, ob und in welchen Dosen man es anwenden darf.

4. Trost für Eltern und Therapeuten

Warum der historische Abriß? Er sollte ein wenig deutlicher machen, in welch zeitbedingter Abhängigkeit alle von uns als Realität wahrgenommenen psychologischen Tatbestände stehen. Das Kind als »Sünder-Tier-Maschine-Englein«: Das alles sind Interpretationsfiguren, die auf einem speziellen gesellschaftlichen Hintergrund wachsen und ihre Funktion haben, und so auch unsere Erziehungsleitlinien. Die verwirrende Suche nach unserer Identität (und darauf ist Therapie ja eine wichtige gesellschaftliche Antwort) ist offenbar in ein besonders kompliziertes Stadium geraten, wo einander völlig oder halb widersprechende Normen und Leitvorstellungen unsere Idealvorstellungen von Erziehung und Kommunikation prägen.

Ich möchte deshalb darlegen, daß man sich auch und gerade als Therapeut nicht selbst verwirren lassen darf von der Komplexität des Bildes. Wir Therapeuten müssen wissen, was wir *tun*, wenn wir schon meist nicht wissen, was wir tun *sollten*. Wir selbst sind alle zutiefst verstrickt in die Problematik unserer immer wieder verfehlten Identität; im gleichen Augenblick oder zumindest schnell nacheinander empfinden wir unsere Partnerschaften als Garanten unserer Zufriedenheit und/oder als größten Hemmschuh auf dem Weg zu uns selbst; unsere Kinder lieben wir, empfinden sie aber oft als äußerst belastend. Das gesamte Familienleben bedeutet uns abwechselnd Sicherheit, geisttötende Langeweile oder bedrohlichen Kampfplatz.

Und entsprechend handeln wir in unserem Privatleben: Wir versuchen sehr bemüht, unsere Familienmitglieder zu verstehen, und wollen sie doch immer wieder mit List und Tücke unseren Wünschen dienstbar machen. Wir können Eigentherapie und Supervision in Maximaldosen schlucken: Nie gelingt es uns, den endgültig klaren Maßstab zu finden; nie können wir guten Gewissens längere Zeit hindurch für *eine* Methode, für *ein* Menschenbild oder für *eine* bestimmte Auffassung von Familie votieren. Andersgeartete Realitäten, Fehleinschätzungen, therapeutische Mißerfolge, eigene unerwartete Probleme holen uns immer wieder ein und machen uns diesen »unmöglichen Beruf« (wie Freud ihn nannte) so schwer wie nur möglich.

Was also müssen wir verstehen, wenn wir therapeutisch handeln? Wir müssen zuallererst wissen, auf welch zerbrechlichem Fundament moderne Identität gegründet ist und *sein muß*. Erwarten wir nicht, daß Therapie mehr als ein Stärkungsmittel sein kann. (Schon Freud hat dies nicht geglaubt, wie wir aus dem Aufsatz »Endliche und unendliche Analyse« wissen.) Wir müssen erkennen, in welch prekärer Lage die sogenannte bürgerliche Familie sich befindet. Zwar haben wir offensichtlich keine brauchbaren Alternativen: Dies aber sollte uns nicht dazu verleiten, von ihrer Restitution grundsätzlich verbesserte Chancen für das Individuum zu erwarten. Wenn wir im Einzelfall versuchen, sie so zu flicken, wie es in der Systemischen Familientherapie geschieht, dann müssen wir uns der Doppelbödigkeit unseres Tuns bewußt sein. Wir verlängern damit *auch* ihre mögliche Gewaltherrschaft und machen manchem Jugendlichen einen vielleicht heilsameren Totalbruch mit dieser Institution unmöglich. In welcher Familie es sich gerade noch leben und gedeihen läßt und in welcher nicht, sollte ein immer wieder neu durchdachtes und zu durchdenkendes Problem sein, wobei wir die Kraft des einzelnen abwägen müssen gegen die Schutzfunktion auch der mehr oder weniger sublim gewalttätigen Familie. Immer wieder sehen wir Jugendliche (und wir sollten sie mich wachen Augen verfolgen!), denen selbst der gewalttätige Ausbruch aus der Familie oder Schule (ja sogar: aus der Gesellschaft) gutgetan hat. Vergessen wir unsere angepaßten Vorstellungen vom friedfertig-harmonischen Menschen. Mario Erdheim (1983) hat uns einige Pubertätslösungen gezeigt, die uns in ihrer Vertrautheit schaudern machen, wenn wir die Hintergründe und Konsequenzen betrachten. Was wir – in oft allzu ungebührlicher Respektierung der bürgerlichen Familie – als Therapieerfolg ansehen, könnte sich für den Jugendlichen als katastrophale Identitätsverstümmelung auswirken, die ihn allerdings später nie mehr »auffällig« sein lassen wird.

Wir müssen auch wissen, was wir mit unseren Empathiekonzepten tun. Hier versuchen wir, das System »von innen« her zu stabilisieren, worüber wir nur allzuleicht vergessen, daß die Interaktionen und nicht nur die Eltern-Kind-Linie wichtig sind. Es muß klar sein, daß dauernde Überforderung durch eigene Gewalt- und Angstbewältigung droht, wenn die Eltern die angegebenen Kommunikationsvorschriften wirklich befolgen sollen. Ob es für ein Kind wirklich so wünschenswert ist, dauernd »verstanden« zu werden, bleibt zudem noch eine offene Frage. Denn wie verhält es sich dann mit der Bewältigung der weniger verständnisvollen Lehrerverhaltensweisen oder der Gleichaltriger, wenn schon ein Satz wie »Sei nicht traurig, alles wird wieder gut« einen unerlaubten Eingriff in das Seelenleben des Kindes darstellen soll?

Dies alles müssen wir reflektieren, und wir sollten uns bewußt werden, wo wir Einsicht verhindern, vielleicht verhindern müssen, und wo in der Therapie zwar »Gewalt« vorhanden, doch vielleicht gerade am Platze ist.

Ausbildungsinstitute müssen ihre Ware verkaufen, sie müssen sie möglichst gut verkaufen: Auch dies sollten wir bedenken, wenn wir mit diversen Trainern und Lehrern diskutieren. Allzuleicht gehen diese in die Defensive und verhindern ein offenes Diskutieren über Stärken und Schwächen ihres Systems. Oft befindet man sich in diesen Instituten in einer Art Sekte. Wir aber verstehen uns nach wie vor – auch wenn wir Praxis betreiben – als Wissenschaftler, die nie die Sicht auf die Relativität der Methoden *und* der psychischen Phänomene verlieren dürfen. Alles hat seine historische Zeit, und manches ist auch in verwirrender Gleichzeitigkeit vorhanden. Hier aber liegt unsere Chance: zu erkennen, aus welcher historischen Notwendigkeit jeweils unser Beruf und unsere Methoden entstanden sind.

Literaturliste

Badinter, Elisabeth: Die Mutterliebe. Geschichte eines Gefühls vom 17. Jh. bis heute. München 1982

Brodkin, Adele M.: Family therapy: The Making of a Mental Health Movement. In: Amer. J. Orthopsychiat. 50/1, Jan. 1980

Cohen, Stanley, und Taylor, Lamie: Ausbruchsversuche. Identität und Widerstand in der modernen Lebenswelt. Frankfurt/M. 1977

Cooper, David: Tod der Familie, Frankfurt/M. 1973

Erdheim, Mario: Die gesellschaftliche Produktion von Unbewußtheit. Frankfurt/M. 1984

Gordon, Thomas: Familienkonferenz. Die Lösung von Konflikten zwischen Eltern und Kind. Hamburg 1972

Haley, Jay: Ablösungsprobleme Jugendlicher. Familientherapie – Beispiele – Lösungen. München 1981

Heekerens, Hans-Peter: Effektivität Klientenzentrierter Familientherapie. In: Zeitschrift für personenzentrierte Psychologie und Psychotherapie. Jg. 4, Heft 1, März 1985

Morgenthaler, Fritz: Technik. Zur Dialektik der psychoanalytischen Praxis. Syndikat, 1981

Pohlen, Manfred: Zu den Wurzeln von Gewalt. In: Passet/Modena (Hrsg.): Krieg – Frieden. Frankfurt/M. 1983

Shorter, Edward: Die Geburt der modernen Familie. Hamburg 1983

Spangenberg, Norbert: Gewalt in Familien: Vorbild oder »Nachbild« gesellschaftlicher Gewalt. In: psychosozial 24/25, S. 26ff.

7. »Wir bringen unsre Jahre zu wie ein Geschwätz« –
Bedrohte und bedrohende Worte der Humanwissenschaften

Als meine Tochter etwa zehnjährig war, begann sie Interesse an meinem Beruf zu zeigen: Was liest du da? Was steht da drin? Warum schreibst du so viel? – Und da ich sie nicht ausschließen wollte aus meinem Lebenskreis, versuchte ich, ihr alle möglichen psychologischen/sozialwissenschaftlichen Theorien nahezubringen. Zu meinem Erstaunen entdeckte ich, daß eine intelligente Zehnjährige das meiste davon ohne Mühe verstehen und kommentieren kann. Natürlich durfte ich ihr nicht etwa sagen: ». . . die wiederholte Nichtkontingenz von Verstärkerreiz und eigener Reaktion erzeugt das Gefühl erlernter Hilflosigkeit . . .«. Erläuterte ich jedoch etwa, daß jeder Mensch und vermutlich auch noch andere Lebewesen (etwa: Hunde) sehr verstört sind, wenn sie immer wieder erleben, daß nichts, was sie tun, eine Wirkung hat, vor allem dann, wenn sie sich aus einer unangenehmen Situation befreien wollen – dann vermochte sie natürlich ohne Mühe zu folgen, hörte sich interessiert an, welche Experimente Seligman mit Hunden gemacht hatte und wie seine Schüler mit Menschen weiterexperimentierten. Da eine Zehnjährige auch gerade die Anthropomorphisierungsphase hinter sich gelassen hat, konnte sie sogar ihre Zweifel darüber äußern, ob das inaktive Verhalten von Hunden wohl dasselbe sei wie die Depression beim Menschen.

Nach mehreren solcher Erfahrungen begann ich, schriftlich und mündlich, die Wissenschaftssprache in Normalsprache zu übersetzen. Ich kam mir nun komisch vor, wenn ich von »Reaktanzphänomenen« sprach und nicht einfach vom »Widerstand gegen Bedrohungen der inneren und äußeren Freiheit«, oder wenn ich in der Diplomprüfung die meisten Studenten aufs Glatteis führen konnte mit der lässigen Frage (»ganz einfach, das kennen Sie schon vom Vordiplom her«), was denn eine »negative Verstärkung« in der Verhaltenstherapie sei. (Für normale Menschen: »negative Verstärkung« ist der Ausdruck für die Erfahrung, daß man eine Handlung dann leichter lernt und immer wieder ausübt, wenn sie geeignet ist, einen unangenehmen Zustand zu beenden.)

War ich vorher derselben Ideologie aufgesessen wie offensichtlich die Verfasser psychologischer Lehrbücher und diverser Artikel in der »Psychologischen Rundschau« oder im »Journal of Behaviour Therapy«, nämlich daß Erkenntnisse um so bedeutsamer sind, je mehr Mühe man hat, sie zu verstehen, so spielte ich nun das umgekehrte Spiel: Ich ließ nichts unversucht, die Fassade der Wissenschaftssprache zu durchbrechen. In jener Zeit fiel mir Andreskis Buch »Hexenmeister der Sozialwissenschaften« (dtv 1284) in die Hände. Bei ihm gibt es unzählige amüsante Beispiele für die Unkenntlichmachung von Trivialität durch abstrakte Wissenschaftssprache. Es sei hiermit allen daran Interessierten empfohlen.

Meinem Unmut über diese Sprachverhunzung gesellte sich eine gewisse moralische Entrüstung bei: der (relativ) angenehme und (relativ) gut bezahlte Beruf des Wissenschaftlers, so meine ich, verpflichtet jeden dazu, seine Erkenntnisse auch für eine breitere Öffentlichkeit diskutabel zu halten. Gerade Probleme der menschlichen Seele und ihrer gesellschaftlichen Formbarkeit sind für die meisten Menschen so wichtig, daß die Überlegungen der Humanwissenschaftler auch einem breiteren Publikum zugänglich sein müßten.

Dazu gehört neben der vernünftigen Sprache die verständliche Mitlieferung von Methodenproblemen. Denn was soll eine geplagte Mutter von drei Kindern, die sich gerade überlegt, ob sie wieder in ihren alten Beruf als Lehrerin einsteigen will, etwa mit der kruden Aussage anfangen: »Wissenschaftliche Untersuchungen haben ergeben, daß die Kinder berufstätiger Mütter intelligenter und selbständiger sind als diejenigen von Hausfrauen«? Sie kann zwar an die total mißratenen Kinder der berufstätigen Frau Müller denken (aber: bestätigen nicht Ausnahmen die Regel?) und eventuell an den letzten »Stern«-Artikel, wo offenbar ganz andere Wissenschaftler über die Kinder berufstätiger Mütter das Gegenteil herausgefunden haben; damit aber ist sie vermutlich schon am Ende ihres Lateins, und sie wird dann höchstens noch feststellen, daß diese Art von Wissenschaft wohl ein wenig wirr ist. Doch natürlich könnte man ihr als ernsthaft um Aufklärung bemühter Sozialwissenschaftler sehr viel mehr an die Hand geben, damit sie selbst zu einem etwas valideren Urteil gelangen kann. Denn: ob die Kinder nur mittels eines Fragebogens getestet wurden, ob und wie Lehrerurteile einbezogen worden sind, spielt eine ebenso große Rolle für das Abschätzen verschiedener Daten wie der Hinweis auf eine nur statistische Relevanz von Ergebnissen. All dies sind ziemlich einfache und jedem normal intelligenten und interessierten Menschen zugängliche Überlegungen.

Was in den Naturwissenschaften Mühe macht, daß man ein in sich hierarchisch aufgebautes Wissenssystem kennen muß, um urteilen zu können, fällt für die Sozialwissenschaften meistens weg. Man kann gedanklich an vielerlei Punkten sozusagen »ab ovo« einsteigen – das gilt für Theorien ebenso wie für empirisch gewonnene Daten. »Theorien« in diesen Fächern sind meist solche »mittlerer Reichweite«, das heißt: sie erklären nur wenige psychische/soziale Phänomene. (Eine Ausnahme davon macht die psychoanalytische Theorie, von der später noch zu sprechen sein wird!)

Warum also diese Verschleierung relativ einfacher Tatbestände durch sprachliche Monstrositäten? Dient sie nur der Aufplusterung einzelner Wissenschaftler, die nicht zugeben können, daß sie einfache, bisweilen triviale Ideen behandeln? Man ist versucht, an die naive Freude jenes Molièreschen Bürgers zu denken, der sein banales Dasein veredelt sieht durch die Erkenntnis, daß er sein ganzes Leben lang »*Prosa*« gesprochen hat.

Nun haben abstrakte Formulierungen in jeder Wissenschaft eine Funktion – es muß nur jeweils genau festgestellt werden, welche dies ist. Grad und Art der Abstraktion müssen von dieser Funktion her bestimmt werden und nicht aufgrund lächerlicher Imitationen anderer Wissenschaften. In den exakten Naturwissenschaften, wo der höchste Abstraktionsgrad in der formelhaften Fixierung von Sachverhalten besteht, wird dadurch eine allgemein gültige Gesetzmäßigkeit festgehalten, wobei die Bedingungen, unter denen sie gilt, klar definierbar sind. Wissenschaftstheoretiker haben seit langem festgestellt, daß dieses Modell für die Sozialwissenschaften nicht gelten kann. Die Handlungen selbstreflexiver Subjekte können nie unter determinierenden Gesetzmäßigkeiten gesehen werden, da der Reflexionsprozeß als Variable sui generis jedes Ordnungsprinzip durchbrechen kann. Trotzdem gibt es natürlich gewisse Regelmäßigkeiten im Ablauf von Handlungs- und Erlebenssequenzen, die auch in abstrakten Formulierungen beschrieben werden können. Diese dienen meist der raschen Verständigung der Wissenschaftler untereinander, und als solche sind sie auch sinnvoll. Was aber offensichtlich in den Humanwissenschaften durch Sprache *nicht* geleistet werden kann, ist eine erkenntniserweiternde Verwendung der abstrakten Formeln, die in ein bestehendes Formelsystem so eingegliedert werden, daß bisher gesondert betrachtete Fakten dadurch als gleichwertig oder innerlich verbunden erst entdeckt werden können. In den Humanwissenschaften ist sehr rasch die Grenze erreicht, wo die Verständigung qua Abstraktion sinnlos wird und entweder zu Mißverständnissen oder zu Trivialitäten führt. Was die Humanwissenschaften kennzeichnet, ist vielmehr die dauernde Verbindung von abstrakter Formulierung im Sinne der Regelkonstatierung mit konkreten Beobachtungen. Innere Zusammenhänge verschiedener Fakten können sich nicht über die

Abstraktion, sondern nur über die Rückführung ins Konkrete ergeben, wobei Kriterien für die Richtigkeit nicht reine Logik, sondern psychologische Evidenz und innere Stimmigkeit sind.

Macht Sprache in den Humanwissenschaften sich in ihrer Abstraktheit selbständig, dann wird sie mit Sicherheit leer und trivial. Abstraktion ist manchmal funktional im Sinne rascher Verständigung – nötig ist sie zur Weiterentwicklung der Wissenschaft fast nie. Gerade die ideenreichsten Sozialwissenschaftler beweisen dies immer wieder.

Beinahe am schlimmsten treiben es meiner Meinung nach die Psychologen: Ihr Selbstbewußtsein ist in ganz besonderer Weise auf die Illusion angewiesen, daß sie einmal einen ähnlichen Status wie die Naturwissenschaftler erringen könnten, weshalb sie eine pseudo-naturwissenschaftliche Sprache erfunden haben. Eine Formel $»_sE_R = {}_sH_R \cdot D«$ zum Beispiel soll ausdrücken, daß eine Handlung um so korrekter und schneller ausgeübt wird, je öfter sie 1. geübt wurde und 2. je wichtiger sie für ein Lebewesen ist. Anders als bei den Naturwissenschaftlern aber führt eine solche Formalisierung von verbal ebensogut zu vermittelnden Tatbeständen in den Humanwissenschaften offenbar nicht weiter. Die menschliche Seele ist – anders als die leblose oder die nur-organische Natur – nicht durch solche Regelhaftigkeiten bestimmt, wo durch Formalisierung und Mathematisierung weitere Erkenntnisse gewonnen werden könnten. Der Ausnahmen und Zusatzbedingungen sind jeweils so viele, daß mathematisch-formalisierte Systeme dauernd gesprengt werden. Die Humanwissenschaften bräuchten also keine Geheimsprache zu erfinden, um einander ihre Überlegungen verständlich zu machen.

Die heute ausgefeilteste Theorie vom Menschen – die psychoanalytische – zeigt übrigens in paradigmatischer Weise an, wie man dieselben Fakten je nach Belieben durch Sprache aufklären oder verschleiern kann. Bekanntlich hat es kaum je einen Humanwissenschaftler gegeben, der eine schönere und verständlichere Sprache geschrieben hat als Sigmund Freud.

Eine Reihe seiner Schüler und Nachfolger hat sich dabei durchaus an ihm zu orientieren versucht, so zum Beispiel Theodor Reik. Auch heutzutage finden wir in den Reihen bedeutender Psychoanalytiker – H. Stierlin, H. E. Richter oder A. und M. Mitscherlich – sehr gute Essayisten. Aber auch in dieser Zunft grassiert das Minderwertigkeitsgefühl, man ermangle »echter« Wissenschaftlichkeit, wenn man sich verständlich ausdrückt. Was soll man denn von Sätzen wie diesen halten: »... Obschon der normale Narzißmus die libidinöse Besetzung des Selbst widerspiegelt, so ist doch das Selbst eine Struktur, welche die libidinös und aggressiv besetzten Anteile integriert...«? Selbst der Autor (Kernberg, 1977) scheint diesen Satz für schwer verständlich zu halten, denn er fährt im Text fort: »Einfach ausgedrückt: Integration guter und böser Selbstimagines in ein realistisches Selbstkonzept, das die verschiedenen Teilrepräsentanzen eher vereinigt als dissoziiert, ist eine Vorbedingung für die libidinöse Besetzung eines normalen Selbst...« Ob es wirklich nicht noch einfacher ginge? Mein Vorschlag: »Ein normal gutes Selbstwertgefühl entsteht dann, wenn man imstande ist, bei sich selbst sowohl gute als auch schlechte Eigenschaften zu sehen.« Dies und nichts anderes will nämlich jener aufgeplusterte Satz besagen.

Die relativ neue Berufssparte der sogenannten Wissenschaftsjournalisten ist – beschämenderweise für alle Wissenschaftler – vor allem dazu da, solche Übersetzungsarbeit zu leisten.

Wie wirkt nun jene monströse Sprache auf das Laienpublikum? Sie erhöht eventuell nicht nur dessen Achtung vor den Wissenschaftlern, sondern zeigt ihm auch noch an, daß man – sofern man sich überhaupt an den Humanwissenschaften orientieren will – am besten nicht lange nachfragt. Man schluckt jeweils »neueste« Erkenntnisse der Wissenschaft in jenen kargen Portionen, in denen sie von den Übersetzern mundgerecht vorgesetzt werden. Kritisches Mit- und Weiterdenken wird unmöglich. Auf dem Niveau von Illustrierten-Tests wird das Ganze dann endgültig in den Bereich nicht sehr geistreicher Gesellschaftsspiele verbannt.

Warum aber haben die Wissenschaften vom Menschen in den letzten Jahren solche Popularität erlangt? Um diese Frage beantworten zu können, muß man sich über einige wesentliche Elemente des modernen Lebens klarwerden. Die Kennzeichen der Moderne sind: Technik, verwirrende Vielfalt, Anonymität und Orientierungslosigkeit. Menschen sind nicht mehr ohne weiteres – etwa nach ihrem Beruf und sozialen Stand – einzuordnen, ihre unterschiedlichen Verhaltensweisen sind nicht mehr rückführbar auf einfachere soziale Tatbestände, etwa auf klare Wertvorstellungen. Daher haben viele Zeitgenossen ein vermehrtes Interesse an der Vielfalt des Menschlichen entwickelt, um es besser verstehen zu können – die Ecke »Populäre Psychologie« in jeder Buchhandlung legt davon Zeugnis ab. Dies nun haben sich einige Regisseure der Psychoszene zunutze gemacht, um ein neues, diesmal leicht verständliches, wenn auch nicht weniger unkonkretes Sprachspiel zu erfinden. Es ist die sogenannte »Psychosprache«, in der unter Umgehung jedweder Differenzierung das Hervorlocken des »Unmittelbaren«, des »Direkten« versucht wird. »Wie fühlt sich das an?«, »Was sagt dein Bauch?«, »Ich fühle jetzt ganz deutlich, daß...«, »Was macht das mit dir?« Mit solchen Floskeln sollen die Gefühle ganz direkt an- und ausgesprochen werden. Dasselbe soll die immer wieder verwendete Phrase »Sag ›ich‹ und nicht ›man‹« bezwecken. Hier wird Sprache eindeutig unter dem ihr zustehenden Preis verkauft. Nicht umsonst, so möchte man plädieren, haben Dichter, Philosophen und Essayisten immer wieder versucht, durch Sprache bis an die Grenze des Sagbaren zu gehen; auch das, was »direkt« und »unmittelbar« nur dem »fühlenden Herzen« zugänglich ist, haben sie durch vielfältige Bilder, Analogien und originelle Wortzusammensetzungen zum Ausdruck gebracht.

Könnte man sich vorstellen, daß Romeo sich der Liebe Julias mit den Worten »Gib mir mal ein ehrliches Feedback über mich!« versichert? Allerdings wäre es in diesem Fall vermutlich nicht zum tragischen Liebestod gekommen, sondern nur zu einem »ganz echten« Encountergeplauder.

Was kann und sollte die Sprache der Humanwissenschaften leisten? Zunächst, in ihrer strengen Form als Wissenschaftssprache im engeren Sinn, sollte sie natürlich dieselbe Aufklärungsarbeit leisten, wie es die Darstellung jedes anderen wissenschaftlich erforschten Sachverhalts tut. Aber auch die populäre »Psychologisierung« der Sprache entspringt ja dem Bedürfnis, psychische Sachverhalte besser zu verstehen, da dies in der modernen Welt ein allgemein besseres Verständnis für unsere Umwelt bedeutet.

Vorsichtig gebraucht könnte eine psychologisch angereicherte Sprache flüchtige und instabile Erfahrungen präzisieren, faßbar und rekonstruierbar machen. »Vorsichtig« deshalb, weil der schnelle Gebrauch im Psycho-Klischee diese Erfahrungen wieder zunichte macht und eintauchen läßt in ein vages Allgemeines, das wir *so* gar nicht erfahren haben. Damit jedoch sinkt der Wert der Erfahrung – wir sind dann nur mehr eine spezielle »Klasse« von Personen, die eine allgemein bekannte Erfahrung machen – die Erfahrung »ich brauche Distanz« zum Beispiel oder die Erfahrung »ich bin aggressionsgehemmt«.

Carl Rogers, der große amerikanische Humanistische Psychotherapeut, verweist daher auch für den therapeutischen Prozeß immer wieder auf die »Kongruenz« von Erfahrung und deren Symbolisierung im Wort. Wo sie fehlt, entsteht eine Lücke zwischen dem Selbstbild und einem nur-idealisierten Bild der eigenen Person – nach Rogers die wichtigste Ursache psychischer Störungen.

Hat man keine Kenntnis der »eigenen Sprache«, einer Sprache, die akurat wiedergibt, was man erlebt hat (eine sehr konkrete Sprache also), dann ist man daran gehindert, mit seinen persönlichen Erfahrungen kreativ umzugehen. Das aber heißt: sie zu verknüpfen mit anderen Erfahrungen, zu vergleichen und Bezüge zu finden zum Gesamt der eigenen Biographie.

Klischees sind die geronnenen Erfahrungen vieler anderer

Menschen – je mehr wir davon brauchen, desto weniger werden wir uns als Individuen fühlen. Das gewährt eine gewisse trügerische Sicherheit; denn die Entdeckung der Einzigartigkeit der eigenen Person erregt oftmals Angst.

Einzigartigkeit, Individualismus bedeutet nämlich *auch:* Verantwortung zu übernehmen. Wer sich selbst als je Besonderen ernst nimmt, wird nicht leichtfertig sein gesamtes Lebenskonzept und seine Gefühle anderen Instanzen überantworten, etwa der Gesellschaft, der Vererbung, den Sternen oder sonstigen dubiosen höheren Mächten.

In diesem Sinne ist die genormte Sprache eine schlechte Art von Lebenserleichterung; eine, in der man sich zum »Typ« macht (»typisch Wassermann«, »typisch aggressionsgehemmt«), dem der Zusammenhang zum eigenen konkreten Leben verloren geht.

Hier treffen sich die vulgarisierende Psychosprache und die Wissenschaftssprache: Beiden gemeinsam ist der verlorengegangene Bezug zum Konkreten. Unkonkrete Sprache jedoch ist im Bereich der Humanwissenschaften nicht nur unnötig, sondern auch gefährlich. Sie entzieht sich der Überprüfung und gibt allen Möglichkeiten der Manipulation Raum. Wer hätte es noch nicht erlebt, daß man ihn – typisiert und kategorisiert – in eine bestimmte Ecke stellt, wo es ihm schwerfällt, neue Handlungsformen für sich zu entwickeln, wo er sich plötzlich selbst fremd wird?

Der Soziologe Goffman hat für Alte, Kranke und Gebrechliche aufgezeigt, wie diese Art von Manipulation durch Sprache (»Stigmatisierung«) zu abseitigem Verhalten führt. Für den Bereich psychischer Störungen haben die sogenannten »Etikettierungstheoretiker« (Szasz, 1972; Scheff, 1972 u. a.) die Bedeutung sprachlicher Prozesse als wichtigen Faktor zur Entstehung von Krankheiten angenommen. Erst die typisierende Benennung konkreter Verhaltensweisen als »krank« oder »schizophren« zum Beispiel führt nach Meinung der Etikettierungstheorie zu ganz bestimmten Erlebens- und Verhaltensweisen, die – im Zusammenhang mit der Reaktion der Umwelt – sozusagen spiralförmig zu immer absurderem Verhalten führt. Sprache wird hier zum Herrschaftsinstrument der »Gesunden« in einem noch viel grausameren Sinn, als es der Hinweis auf die »elitären« Wissenschaftler zu zeigen vermag, die sich nur zur Prestigeerhöhung der abstrakten Wissenschaftssprache bedienen.

Wer im Bereich der Humanwissenschaften eine nur-abstrakte Sprache verwendet, die den Bezug zu jeweils konkreten menschlichen Erlebens- und Verhaltensformen verliert, vergrößert zweierlei Gefahren: daß Herrschaft ausgeübt wird über andere und daß er die Herrschaft über sich selbst verliert.

Literatur

Andreski, St.: Die Hexenmeister der Sozialwissenschaften. Mißbrauch, Mode und Manipulation einer Wissenschaft. dtv München 1284, 1977

Kernberg, O. F.: Normaler und pathologischer Narzißmus im Wandel. In: Loch u. a.: Psychoanalyse im Wandel. es 881, Frankfurt/M. 1977

Scheff, Th. J.: Die Rolle des psychisch Kranken und die Dynamik psychischer Störungen. In: Keupp, H. (Hrsg.): Der Krankheitsmythos in der Psychopathologie. Urban & Schwarzenberg, München 1972

Szasz, Th.: Geisteskrankheit, ein moderner Mythos? Olten, Walter-Verlag, 1972

8. Die Verdrängung des Intellekts an der modernen Universität: eine Gemeinschaftsarbeit von Lehrenden und Lernenden *

Mit Interesse und Vergnügen habe ich – in Vorbereitung dieses Vortrages – in den mir zugesandten Informationsbroschüren und Tätigkeitsberichten des Studienbüros geblättert. Vieles an den Problemstellungen war mir noch vertraut, einige der Strategien habe ich noch mitinitiiert, und vieles ist auch neu dazugekommen; so vor allem hat sich die zu meiner Zeit gerade im Entstehen begriffene Gruppenarbeit vervielfacht, das Kontakt- und Krisenzentrum OASE ist neu entstanden, und auch die spezielle Beratung für behinderte Studenten habe ich bewundernd zur Kenntnis genommen.

Ich habe im Laufe meiner Berufstätigkeit das akademische Leben und seine Probleme unter mehreren Perspektiven betrachtet. Nicht nur als Studierende der fünfziger Jahre, wo man im deutschsprachigen Gebiet natürlich seine studentischen Sorgen und Krisen bestenfalls mit Freunden besprechen konnte. Später habe ich, in der Akademischen Berufsberatung Bern arbeitend, die Probleme der Gymnasien sowie der ersten Studiensemester ins Visier bekommen, und nach meiner fünfjährigen Tätigkeit im Studienbüro Bochum habe ich sozusagen »die Fronten gewechselt« und betrachte nun seit geraumer Zeit das akademische Leben unter der Perspektive der Lehrenden.

Ich möchte in dieser Stunde einiges aus diesen Erfahrungen

---

* Festvortrag am 16. 5. 1986 anläßlich des 20jährigen Bestehens des Studienbüros der Ruhr-Universität Bochum.

zusammenfassen und analysieren – sicher nicht in der Erwartung, daß dies meinen Kollegen im Studienbüro direkt neue Anregungen in ihrer praktischen Tätigkeit geben könnte. Das haben sie nicht nötig. Vielleicht aber können meine Ausführungen dazu dienen, einige neue Analysekategorien für die Ihnen vertrauten Probleme bereitzustellen – womit manches ein wenig anders definiert werden könnte. Wie Sie wissen, sind solche Neudefinitionen nicht nur oft ein wichtiges Mittel in unseren Therapien und Beratungen für die Ratsuchenden; sie sind auch für den Berater und Therapeuten nötig, wenn er – allzusehr in seine Alltagsnöte verstrickt – oft nur mehr an den nächsten Schritt denkt und darob den ganzen Weg, der noch zu durchwandern ist, vergißt.

Ich habe Ihre Broschüre nicht nur mit nostalgischem Interesse gelesen. Ich habe sie auch mit den Augen der nunmehrigen Hochschullehrerin gelesen und mir dabei voll Schuldbewußtsein gesagt: »Was haben wir aus dieser Universität gemacht!« ... Und wenn ich »wir« sage, dann meine ich natürlich nicht nur die Lehrenden, sondern die Gemeinschaft der Lehrenden und Lernenden. Die Arbeit psychosozialer Stellen ist sozusagen Barometer (zeitgemäßer wäre es wohl zu sagen: Geigerzähler) dieses Gesamtunternehmens Universität, und ihre Informationsberichte und Tätigkeitsberichte führen einem vor Augen, wie sehr wir versagt haben.

Käme der berühmte Ethnologe vom anderen Stern, dann müßte sich ihm ein etwas merkwürdiges Bild der deutschen Universität darbieten, wenn er diese Berichte liest. Diese Bildungsanstalt, so müßte er schlußfolgern, ist wie eine äußerst bittere Pille, die aus relativ unklaren Gründen offenbar von allzu vielen jungen Leuten geschluckt werden muß. Damit das Schlucken aber nicht ganz so schwer fällt, wird ihnen von freundlichen und liebevollen Helfern ein wenig Zuckerguß drumherum geboten. So erleichtert man ihnen die offensichtlich schwierige Hürde der Eingangsformalitäten, die Studenten erhalten beruhigende Informationen darüber, daß alle anderen sich auch nicht viel gescheiter beim Finden des Immatrikulationsbüros oder der vertrackt zerstreut liegenden Seminarräume anstellen, und als besonders wichtiges Trostpflaster wird ihnen angeboten: Kneipen, musische Zirkel, Lesben-/Schwulentreffs, die Mensen etc. Auf S. 68 der Informationsbroschüre des WS 85/86 steht dann unter der Überschrift: »Was hat die Uni noch zu bieten?« ein, wie unser extraterrestrischer Ethnologe wohl schließen müßte, recht unwichtiges Detail, nämlich das Wort »*Bibliothek*«, mit kurzen Angaben über Öffnungszeiten und Benutzerformalitäten. Darunter findet sich übrigens noch das Wort »Kunstsammlungen«, was aber als ein ganz peripheres Nebenbei gekennzeichnet ist, und zwar mit folgenden Sätzen: »Wenn du einmal keinen Beton sehen willst und es auf den Bänken und Wiesen zu naß oder zu kalt ist, dann schau dir doch einfach ein paar Kunstwerke der Griechischen Antike oder Europäischen Moderne an. Das kannst du nur an wenigen Universitäten und an kaum einer so bequem wie hier.«

Mißverstehen Sie mich nicht! Nicht die Psychologen und Soziologen, die dies geschrieben haben, sind zu tadeln – im Gegenteil. Es ist ihre Pflicht, bedürfnisgerecht zu informieren, und wir fänden es sicher komisch, wenn sie bei der Beschreibung der Bibliotheken ins Detail gingen, etwa Vor- und Nachteile einzelner Sammlungen aufzählten und so eine Art »Landkarte« des in Buchstaben geronnenen Geistes von Bochum zeichnen würden. Kaum einen Studenten würde dies vermutlich interessieren; man weiß ja schon von der Schule her, daß das Lesen meist mühsam und auch langweilig ist und daß man die überlangen Literaturlisten der Seminarleiter nicht wirklich durcharbeiten muß, weil diese häufig selber ihre Literatur nicht so recht gelesen haben. Was soll damit gesagt sein, was soll kritisiert werden? Im Kern: Kritisiert werden soll die Vertreibung von Intellekt, Geist und Bildung aus der Universität. Analysiert werden soll, in welcher Form diese Vertreibung als ein Gemeinschaftsunternehmen vonstatten geht, und schließlich möchte ich Hypothesen darüber bilden, wie auf diese

Weise einige der »typischen« Studentenprobleme entstehen – Probleme, von denen ich annehme, daß sie an weniger geistfeindlichen Bildungsanstalten nicht auftreten würden. Mit diesen Problemen meine ich natürlich die von allen Beratungsstellen immer wieder genannten Arbeits-, Prüfungs- und Kontaktprobleme, die mit insgesamt 37 Prozent im 15. Tätigkeitsbericht des Studienbüros explizit ausgewiesen werden, was aber, meiner Erfahrung nach, eigentlich noch immer zu niedrig gegriffen ist, da sich unter Rubriken wie »Psychosomatik« und »Depression« meist Ähnliches verbirgt.

Lassen Sie mich einiges anmerken zu diesem Problem, das ich verkürzt die »Vertreibung von Geist und Bildung« nenne. Wilhelm von Humboldt hat 1810 in seiner Denkschrift über die zukünftige Universität Berlin den Satz geschrieben: »Denn nur die Wissenschaft, die aus dem Inneren stammt und ins Innere gepflanzt werden kann, bildet auch den Charakter um, und dem Staat ist es ebensowenig als der Menschheit um Wissen und Reden, sondern um Charakter und Handeln zu tun.« Ich denke, daß dieser Passus »... die aus dem Inneren stammt und ins Innere gepflanzt werden kann...« gerade uns als Psychologen und Sozialwissenschaftlern angibt, wo wir analytisch ansetzen müssen, um uns darüber klarzuwerden, wieso die universitäre Gemeinschaft der Lehrenden und Lernenden versagt hat.

Ein von Studenten mit großer Begeisterung gelesenes Buch (böse Zungen behaupten, für viele Studenten sei es das *einzige* Buch, das sie gelesen haben), ist das von »Uni-Angst und Uni-Bluff« (Wolf Wagner). Es scheint die Wahrheit über die Universität zu enthalten und wird angesichts der Ängste und Inferioritätsgefühle von vielen mit großer Erleichterung gelesen. Die Botschaft: Das ganze hochtrabende Gerede, dies Getue mit der Wissenschaftlichkeit, die klugen Gesichter und die buchstabenstarrenden dicken Lehrbücher: All das ist nichts als Bluff; keiner weiß viel mehr als der andere, alles wird nur aufgebauscht zur Angstabwehr. Wenn wir uns nur alle durchschauten und ehrlich zugäben, daß wir Schauspieler in einem großen

Theater sind, ginge es uns wesentlich besser. Der Autor, ein Lehrender, gibt einige bewährte Strategien an, um mit diesem Bluff-Monster Universität besser fertigwerden zu können. Für Studenten zum Beispiel erweist sich das ehrliche, an Encountergruppen gemahnende Miteinander-Umgehen in der Arbeitsgruppe und im Seminar als tröstlich. Aber auch die Lehrenden können ihr Scherflein beitragen, wenn sie ihre eigene Angstabwehr durchbrechen. Der Autor selbst tut das, indem er sich beispielsweise im Seminar mit schlenkernden Beinen auf den Tisch setzt und nicht die berühmte Autoritätspose vor der Tafel einnimmt. Das Kernstück der universitären Verpflichtung – nämlich das wissenschaftliche Arbeiten – wird ebenfalls sehr gründlich analysiert. In verblüffend ehrlicher Weise legt der Autor dar, wie er selbst es damit hält. Es gibt für ihn drei Grundprinzipien, mittels derer er sich dies lästige Übel der wissenschaftlichen Arbeit erträglich machen kann. Nämlich: 1. den Respekt vor der Wissenschaft verlieren, 2. die geistige Arbeit in Handarbeit verwandeln, 3. sich Erfolgserlebnisse verschaffen.

Ich möchte diese drei Grundprinzipien ganz kurz nochmals in Ihr Gedächtnis zurückrufen, weil ich denke, daß sie uns ein wenig weiterhelfen bei unserer Suche nach der offenbar verlorenen »Wissenschaft, die aus dem Inneren stammt...«. Zum ersten der genannten Prinzipien ist nicht viel zu sagen: Es gehorcht dem Rezept des »Durchschauens«. Durchschauen also, daß viele Bücher ebenso wie viele intellektuell klingende Reden nur Trivialität und Hohlheit verbergen. Das zweite erscheint mir interessanter: Der Autor ist der Meinung, daß Wissenschaft nicht anders behandelt werden muß als jede andere Arbeit, also etwa: Bankauszüge bearbeiten, tippen, verkaufen, Drähte löten etc. Neben interessanten Details zur Arbeitsplatzgestaltung (zum Beispiel nie zu Hause arbeiten, weil zu viel Ablenkung!) scheint besonders wichtig – da immer wieder betont – die präzise Einhaltung der Arbeitszeit. »Pünktlich wie die Maurer« scheint die Devise. Ab 5 Uhr ist Feierabend, da geht es dann schon über zum dritten Grundprinzip, nämlich zum »Erfolgserlebnis«. Denn jetzt darf man sich belohnen, vorausgesetzt, man hat die entsprechende Quantität (!!!) an Seiten oder Zeilen geschafft. Die Belohnungen bestehen, lt. Autor, zum Beispiel im Kaffeetrinken oder im Comic-Lesen sowie in den vielfältigen »abendlichen Belohnungen« – da wird der wilden Phantasie augenzwinkernd freier Lauf gelassen! Ja, resümiert der Autor des Bestsellers, so *kann* Wissenschaft Spaß machen! ... »Wissenschaft, die aus dem Inneren stammt und ins Innere gepflanzt werden kann«, hat Humboldt vor 176 Jahren in einer Blütezeit des deutschen Geisteslebens geschrieben. Was ist davon in Wolf Wagners Augen wohl übriggeblieben?

Es genügt nicht, dieses Buch hämisch zu glossieren – es ist ein wichtiges Zeitdokument, und ich denke, daß der Autor wichtige Einzelheiten über den fortgeschrittenen Zerfall des geistigen Lebens an der heutigen Universität herausanalysiert hat. Was ihm allerdings vorzuwerfen ist: der Mangel an Phantasie in bezug auf das, was Wissenschaft wirklich sein kann und sein soll; das zynische Arrangement mit den herrschenden miesen Verhältnissen, die man einfach mittels Tricks ein wenig besser in den Griff bekommen muß, damit man seine Schäfchen ins Trockene bringen kann; letztlich der totale Unernst dem geistigen Leben gegenüber – ein Leben, das sich nicht um 5 Uhr nachmittags abstellen läßt wie der Fernseher, sondern das den, der davon gepackt ist, meist 24 Stunden am Tag nicht losläßt, weil geistiges Leben eben gelebt und nicht praktiziert wird wie Jogging oder Gartenarbeit.

Aber wieso haben wir die Universität auf einen Stand gebracht, wo ein solches Buch offensichtlich Wahrheiten an- und ausspricht, wo Studenten sagen können: »Ja, so ist es...«, wo also Geist und Bildung wirklich keine Leuchtkraft mehr entfalten können?

»Die Hochschule verliert den Geist« hat schon 1952 Horkheimer diagnostiziert, und er sieht dies als die Fortsetzung eines Prozesses, der sich bereits Mitte des 19. Jahrhunderts angebahnt hat. Ein Prozeß, der, nach Horkheimer, den Kern des Übels dort in sich birgt, wo eine »Reduktion des Intellekts aufs Instrumentale und damit des Menschen auf eine bloße Funktion« geschieht. »Die fixe Unterordnung des Denkens unter das, was je als das Sichere, als Tatsache sich gibt, ist im Grunde Unterordnung unter die je herrschenden Denkgewohnheiten.« Demgegenüber zeichnet Horkheimer aber auch eine Alternative – und ich denke, daß heutzutage sowohl Diagnose als auch Medizin brandaktuell sind. Horkheimers Bestimmung des wahren geistigen Lebens in der Wissenschaft trifft sich mit der von Humboldt, wenn er formuliert, daß das wissenschaftliche Denken es nicht »etwa mit sinnlosen *Daten zu tun hat,* die es äußerlich aneinanderfügt, sondern... Tatsachen sind immer schon Momente begrifflicher Einheiten, an denen die geistige Natur des Subjekts beteiligt ist«. »Bildung«, so meint er weiter, »ist die Identität von Sache und Geist.« Und dazu: »... in jeder genuinen Theorie steckt, wie in der theologischen, ein affektives Moment und wahrlich, in jedem affektiven ein intellektuelles.« Dies ist also der Schnittpunkt von Subjekt und Objekt, die Verpflanzung des Wissens ins »Innere«, das allemal aus Gefühl und Intellekt besteht, was ja eben nur die beiden Seiten einer Medaille sind. Und dieses »Innen« ist nicht gleichzusetzen dem klischierten Encountergruppen-Gerede, mit dem Wolf Wagner den Studenten die Angst vor dem sowieso nur scheinbar klugen Geschwätz der Professoren und Mitstudenten nehmen will. Auch hier hat Horkheimer in seinen Immatrikulationsreden einiges gesagt, was damals zwar auf die Studentenverbindungen gemünzt war, sich aber ohne weiteres auf die intime Psychogruppe anwenden läßt. Nämlich: »Der Glaube an die gute menschliche Beziehung als Selbstzweck ist leer und abstrakt.« Vielmehr fordert er Beziehungen, die über die gemeinsame Tätigkeit des wissenschaftlichen Denkens laufen – und nicht nur etwa über die gemeinsame Paukerei und Datenabfragerei. Dies also, so die Meinung vieler, ist die Lage der Universität: hochtönendes Gerede, das Inhaltslosigkeit versteckt, leere Beziehungen, affektlose Paukerei – und dementsprechend Langeweile, Leere und Angst.

Wie aber haben wir diese Universität geschaffen? Es gibt viele Ansätze und griffige Kategorien, um das Phänomen zu erklären: der Verlust von philosophischer Einbindung der Einzelwissenschaften, der Verlust konkreter Utopien, das Verschwinden der Aufklärungsideale, das Verhaftetsein an die neuen Medien, die Vertreibung des jüdischen Elements aus Deutschland oder auch die unaufgearbeitete Vergangenheit. Da ich Psychologin bin, möchte ich – obwohl ich all dies für wichtige Erklärungsmuster halte – einen psychologischen Erklärungsansatz wählen.

Die Frage lautet: Durch welche psychischen Mechanismen haben Lehrende und Lernende diese moderne Monster-Universität geschaffen – ein Monster, das sie vermutlich nicht mehr als ihr Geschöpf erkennen wollen, das ihnen fremd und gefährlich entgegentritt.

Die Universität ist, ihrer Bestimmung nach, einer der zentralen Orte der Kulturproduktion und -vermittlung. Viele Befunde aus der Psychopathologie und der Therapie weisen darauf hin, daß das Teilhaben an der Kultur in einem produktiven Sinn nur dann gelingt, wenn einige der wichtigsten Strukturmerkmale, die das Individuum an die Familie binden, überwunden werden. Was der Ethnopsychoanalytiker Mario Erdheim für die Schule sagt, gilt mutatis mutandis auch für die Universität: »Die Schule sollte dem Jugendlichen die Möglichkeit geben, die Erfahrungen, die er bei sich zu Hause machte, nicht einfach zu wiederholen, sondern sie zu korrigieren, und das kann sie nur, wenn sie zu einer im Antagonismus zwischen Familie und Kultur eingebetteten Alternative zur Familie wird.« Was heißt das? In jeder Bildungsinstitution sollte eine Ausrichtung auf gesellschaftliche Ziele, die die Interessen der Familie relativieren, hergestellt werden. Es sollte dies durch Leistung, die objektiv und wertfrei beurteilt wird, geschehen. Schule und Universität könnten jungen Menschen den Abschied von ihrer Ursprungsfamilie erleichtern und sie freimachen für die Beschäftigung mit einer neuen, die Familie transzendierenden Welt. Dazu aber müßten neue und sublimierte Formen des Umgangs mit der Welt und mit den Menschen möglich sein, und zwar eine gewisse Unabhängigkeit von umfassender Liebe und dem Wohlwollen der Älteren zugunsten konkreter und sachbezogener Beziehungen, die es ermöglichen, kritisch vom Älteren zu lernen, ohne ihn gleich insgesamt idealisieren, ablehnen oder neutralisieren zu müssen. Sodann: eine Sublimierung der kindlich-unbefangenen Neugierde auf Unbekanntes, wo nicht schon die Angst vor dem Fremden dort unüberwindliche Gefahren vorausahnen läßt, wo einfach intellektueller Mut und Experimentierdrang erforderlich sind, die Neugierde auch auf die eigenen Möglichkeiten und Grenzen, wo Bewertungen (Prüfungen/Noten) nicht als Strafe, sondern als nützlicher Hinweis und Korrektur empfunden werden können.

(Dazu eine kleine Anekdote aus meinem Alltag: Ich treffe eine Studentin, die ich aus einem Studienprojekt recht gut kenne. Sie sieht mich vorwurfsvoll an. Auf meine Frage, wie es ihr gehe, sagt sie mit beleidigter und weinerlicher Stimme: »Ich möchte wissen, was du gegen mich hast...« Auf meine überraschte Frage antwortet sie: »Daß du meine Diplomarbeit so schlecht benotet hast – das hat wohl etwas mit unserer Beziehung zu tun... und ich dachte immer, wir kämen gut miteinander aus!«)

Hier sehen Sie in geradezu klassischer Weise, wie familiale Muster in die Universität eingreifen und als ganz selbstverständlich erlebt werden. Hier fehlt eindeutig das eben beschriebene neue Muster des interaktionalen Sachbezugs – und ich möchte nicht behaupten, daß ich an der oben geschilderten Szene ganz unschuldig bin!

In der Familie jedoch ist diese neue Art des Bezuges zur Welt meist schlecht zu lernen, nicht einmal in der einigermaßen unneurotischen. Die starke Abhängigkeit des Kindes von den Erwachsenen erzeugt ein maßloses Bedürfnis nach Zuwendung und Liebe. Seine Frustration, auch wenn sie notwendig und gerechtfertigt ist, erzeugt immer Spannungen. Auch halbwegs gesunden Erwachsenen ist daher ein objektives, sachliches, von Schuldgefühlen oder Vorwürfen freies Verhältnis zu den Eltern fast nie möglich. Es ist vielleicht nicht einmal wünschenswert.

Doch auch der Drang nach Erkundung des »Fremden«, nach Erforschung der Umwelt und nach Autonomie – von M. Mahler so meisterhaft beschrieben – steht im familialen Zusammenhang immer unter der Drohung der Mutter, die vor dem bösen Wolf warnt: »Geh nicht ab vom Weg...« – diese urmütterliche Warnung ist innerhalb der Familie schwer zu überwinden, und wir sehen in der Therapie viele innere und äußere Schleichwege, auf denen das Verbotene getan wird – meist sind diese Wege mit Schuldgefühlen gepflastert. Ebenso geht es mit den Werturteilen. Das »Das hast du gut gemacht« ist *nicht* als ein Objektives aufzufassen, wenn es von denjenigen Personen kommt, von denen ich zutiefst abhängig bin. Ein »Pfui, das ist aber häßlich« bedeutet ein Stück Vernichtung auch der eigenen Person.

Warum aber, da man doch in dieser neuen Welt von Schule / Universität es mit Fremden zu tun hat, die alten Muster? Ist es nur deshalb, weil so viele Studenten »neurotisch« sind? Ich denke, hier müssen wir auch die andere Seite der Medaille betrachten, nämlich diejenigen, die als Lehrende die Universität verkörpern. Dazu müssen wir auch noch sehen, was die Institutionalisierung des Bildungswesens insgesamt bewirkt.

Ich möchte Sie, in Einstimmung dazu, auf Freuds geistvollen Aufsatz über »Massenpsychologie und Ich-Analyse« aufmerksam machen. Auch wenn man nicht Psychoanalytiker ist, entdeckt man darin sehr viele Überlegungen, die ganz offensichtlich geeignet sind, auch einige der grauenvollen Geschehnisse der deutschen Geschichte zu erhellen. Unter anderem weist Freud darauf hin, wie sehr unter den Bedingungen der »Masse«

(ich zögere nicht, hier auch Masseninstitutionen wie die Universität darunter zu subsumieren) die Neigung zu regressivem Verhalten zunimmt: Vernünftiges Denken wird an irgendwelche Führer delegiert, individuelle Moral wird vergessen und an die »Gruppe« oder den »Führer« übergeben. Aber auch die sogenannten Führungsfiguren sind nicht die autonomen Persönlichkeiten, die sie zu sein vorgeben: Sie verwenden die Masse zur Befriedigung ihrer Bedürfnisse, und so wird ein Teufelskreis unheilvoller gegenseitiger Abhängigkeit geschaffen. Dieser Neigung zur Regression verfallen die Lehrenden ebenso wie die Lernenden. Auch die Lehrenden finden den sachbezogenen Kontakt nur selten: Als unsichere Elternfiguren schwanken sie zwischen antiautoritärer Verbrüderung und pompöser Autorität – meist verkörpern sie beides, was besonders verunsichernd wirkt. Mit ihrer eigenen Neugierde ist es oftmals ähnlich bestellt wie mit derjenigen ihrer Studenten: Zwar droht kein Prüfungsdruck und keine schlechte Note – aber die (Geschwister)-Kollegen als Konkurrenten um Prestige und Drittmittelgelder lauern auf Blößen (manchmal wird es auch nur so erlebt); man sichert sich tatsächlich oft in der von Wolf Wagner geschilderten Weise des »Bluffs« ab. Gespräche unter Kollegen – offizielle und inoffizielle – könnten oft gute Vorlagen für ein Kabarett bieten. Die immer wieder auftauchende Klage von Professoren: man finde kaum je Kollegen, mit denen man wirklich ernsthaft diskutieren könne, entspricht dem System der gegenseitigen Absicherung, das viel interessierter ist an der Darstellung der eigenen Größe als an der für ein echtes Lernen notwendigen Darbietung auch der Blößen, der Kenntnislücken. Ebenso behindern den Lehrenden pubertäre Macht- und Größenphantasien in vielfältiger Weise. In dem Maße, in dem er sie nicht direkt ausdrücken kann, sondern sich hinter den Ritualen der Institution verschanzt, wird sein eigener schöpferischer Umgang mit dem Stoff und mit den Studenten eingeengt.

Alles in allem: Die Institution Universität schafft ein Klima, in dem allenthalben Elemente aus der familialen Sozialisation sich einschleichen; eine Sozialisation, die notwendigerweise Bewahrung, Intimität und persönliche Abhängigkeit braucht, um dem Kind den nötigen Schutz zu geben. Der Aufbruch in das unbekannte Land, das zugleich mit der Adoleszenz sich auftut, braucht aber andere Formen der Begegnung von Mensch und Welt. Unsere Bildungsinstitutionen jedoch halten beide Seiten fest in regressiven Erlebens- und Verhaltensmustern. Der verzweifelte Ruf der Studenten nach mehr Kontakten, die Einsamkeit im Seminar, die Angst vor Prüfungen auch dort, wo selten einer durchfällt, die dauernde Sorge vor dem Verlust des Wohlwollens anderer, die Klage über die distanzierten Kontakte zu den Lehrenden und vor allem die nicht endenwollenden Klagen über die unübersichtliche Arbeit, bei der keiner richtig hilft und strukturiert: Das alles sind Klagen, die eher dem zugehören, was N. Bischof in seinem Buch über das »Rätsel Ödipus« den »primären Funktionskreis« nennt, also demjenigen, der Schutz und Hilfe, Wärme und Geborgenheit spendet.

Wir haben uns als Studentenberater, Assistenten, Professoren so sehr daran gewöhnt, daß wir oft tatsächlich meinen, dies alles sollte durch mehr familiale Fürsorge behoben werden – und unter dem Druck der regressionsfördernden Institution ist diese Fürsorge angesichts ernsthafter psychischer Krankheiten und Selbstmorde meist wirklich sinnvoll.

Sehen wir uns das ganze par distance an, dann scheinen sowohl Klagen als auch die bereitgehaltene Medizin merkwürdig inadäquat für erwachsene Menschen, die dabei sein sollten, die interessantesten Bildungsgüter und Denkgewohnheiten ihrer Kultur für ihr eigenes Leben fruchtbar zu machen – die also dabei sein sollten, das wissenschaftliche Denken im Humboldtschen Sinne »einzupflanzen ins Innere«, weil sie erfahren, daß dies auch »aus dem Inneren stammt« und daher nicht nur ihre oberflächliche Rede und ihr angelerntes Wissen prägt, sondern ihren »Charakter und ihr Handeln« bestimmen kann.

Selbstverständlich gelingt uns dies nur selten und unvollkommen: Was an wissenschaftlichem Denken geboten wird, entstammt sehr oft auch nicht dem »Inneren« der Professoren (und in ihrem Gefolge steht natürlich der ganze Mittelbau), die viel mehr mit der Aufrechterhaltung ihres Ichs beschäftigt sind als mit der Bewegung des Denkens selbst. Die »gemeinsame Sache« wird selten sichtbar. Es bedarf vieler Zufälle einer glücklich verlaufenen familialen Sozialisation, einer einigermaßen bildungsorientierten Schule (manchmal gelingt dies über den autodidaktischen Weg noch besser) und einer Begegnung mit Lehrenden, die nicht in gleicher Weise der Regression verfallen sind wie ihre Kollegen, damit dies gelingt; mit solchen Lehrenden also, die nicht um 5 Uhr nachmittags den Bleistift fallen lassen wie der Maurer die Kelle, um sich dann mittels Kino oder Comic für die Mühsal der 20 gelesenen Seiten zu belohnen, aber auch nicht solchen, die vor jedem zu formulierenden Satz verzweifelt eine Stunde lang sitzen, dauernd Wissenschaftsorganisation statt -produktion betreiben und was dergleichen Unsitten der Professoren mehr sind.

Warum aber ist diese Bildungsinstitution in derart hohem Maße regressionsfördernd und daher weitgehend unfähig, produktiv, kreativ und wirklich lustvoll mit der Wissenschaft umzugehen?

Viele Analytiker, aber auch Kritiker der sogenannten »Modernität« machen uns darauf aufmerksam, daß eines der wichtigsten Kennzeichen der modernen Welt in der Spaltung von »Sozial« und »Privat« liegt. Die meisten Menschen empfinden sich als gespalten zwischen demjenigen, der in der institutionellen Welt »funktioniert«, und dem, der in seiner engen Familie endlich »Mensch« sein darf. Daß dieses Glück häufig nur eine Illusion ist, beweisen uns Scheidungsstatistiken ebenso wie die Erfahrungen der Beratungsberufe. Die Sehnsucht nach diesem Glück, die aus der schmerzlichen Spaltung stammt, ist es andererseits, die auch die Institution regressionsanfällig macht.

Eher links orientierte Kritiker weisen uns darauf hin, daß

mittels dieser regressiven Verarbeitung, die durch Angst Energien bindet, eine Konservierung bestehender Formen erreicht wird. Kritik von rechts beklagt den Verfall des Sachbezugs und der Bildung als letzte Konsequenz einer allzu gleichmacherischen Bildungspolitik.

Um die Bilanz in Sachen fehlende Bildung und außerordentlich schlecht verwaltete Wissenschaftlichkeit kommen weder linke noch rechte Kritiker herum. Die diesjährige Jahresversammlung der Westdeutschen Rektorenkonferenz, die unter dem Motto: »Bildung und Erziehung durch Wissenschaft – Idee und Wirklichkeit!« stand, beklagte das Defizit an erlebter Wissenschaft denn auch in vielen Nuancen.

Ich versage es mir, Ratschläge zu erteilen – übrigens würde mir auch nichts Rechtes einfallen. Ich habe nur eine Möglichkeit dargelegt, die Lage der Universität und damit die oft betrübliche Lage der Studenten zu analysieren. Vielleicht können Klügere als ich daraus Schlußfolgerungen ziehen. Für die helfenden Berufe im Bereich der Universität wollte ich eigentlich nur ein Warnschild aufstellen: Es soll sie davor warnen, sich vorschnell mit »Unten« oder mit »Oben« zu identifizieren. Damit ist niemandem sofort geholfen – weder den einsamen, arbeitsgestörten Studenten, noch den Professoren, die über die Lernunlust ihrer Studenten klagen. Erst aus der Distanz der Analyse, so meine ich, können neue Ideen zum Heil der gesamten Universität erwachsen.

9. Psychologie und moderne Moral – Akademische Psychologie und ihre »populistische« Konkurrenz

Daß Moral und Wissenschaft etwas miteinander zu tun haben können, war unter der Dominanz des »wertfreien« Naturwissenschaftsideals in den letzten Jahrzehnten fast vergessen worden. Die akuten Gefährdungen, in die naturwissenschaftliche Forschungen die gesamte Menschheit geführt haben, lassen aber neuerdings ethische Fragen als zulässig erscheinen. »Soll alles erforscht werden, was erforschbar ist?« – »In welchem Zusammenhang wird Forschung verwertet?« – »Soll es Prioritäten geben?« Dies sind Fragen, die die »Freiheit« der Wissenschaft zugunsten moralischer Richtlinien einzuschränken versuchen.

Humanwissenschaften, sofern sie dem naturwissenschaftlichen Ideal nomothetischer Wissenschaftlichkeit nahezukommen trachteten, haben die Abstinenz der Naturwissenschaften in der Wertfrage geteilt. Erst in letzter Zeit tauchten auch in diesem Lager – zum Beispiel dem der Psychologen – entsprechende Fragen auf: Könnte jenes Geruchsexperiment nicht als Vorbereitung für einen chemischen Krieg dienen? Sind diese Deprivationsexperimente eventuell brauchbar für die Vervollkommnung der Isolationsfolter? und ähnliches mehr.

Insider der psychologischen Forschung finden diese Fragen – ich denke: zu Recht – meist etwas lächerlich. Die angegriffenen Wissenschaftler selbst argumentieren gegen solche Anschuldigungen allerdings mit denselben Argumenten, wie Naturwissenschaftler in der gleichen Lage es tun: daß sie nicht verantwortlich seien für das, was mit den Ergebnissen ihrer

Forschung geschehe, daß dieselben Ergebnisse ebensowohl zum Segen wie zum Unglück der Menschheit benutzt werden könnten usw.

Diese Argumentation stellt allerdings eine hybride Überschätzung der eigenen Wissenschaft dar. Sieht man sich die derart beargwöhnte Forschung nämlich näher an, dann steht sie (Gott sei Dank) unter denselben defizitären Bedingungen wie die gesamte, fast ausschließlich naturwissenschaftlich orientierte experimentelle Psychologie: Ihre Ergebnisse erweisen sich als kaum zu transferieren auf die »Alltagssituation«, da das Bedingungsgeflecht unübersehbar und daher unübertragbar ist. Sofern ab und zu aus Experimenten und sonstigen empirischen Arbeiten griffige Lösungen deduzierbar erscheinen, basieren sie unter Garantie nicht auf einer strikten Anwendung von »Gesetzen«, sondern auf vorhandenem Alltagswissen. Die psychologische Forschung bietet dann höchstens – was allerdings ethisch sicher recht fragwürdig ist, aber eben doch nur als Unmoral einzelner Psychologen gebrandmarkt werden kann – ein wissenschaftliches Alibi für Handlungsweisen, die ohnedies bekannt und üblich sind.

Die trickreichsten Gehirnwäsche- und Foltermethoden wurden sicher nicht von Psychologen, sondern von begabten Sadisten vieler Berufssparten erdacht, und auch Methoden zur Erhöhung der Immunschwelle gegenüber der Grausamkeit des Kampfes sind bei Militär und Polizei seit altersher so gut bekannt, daß demgegenüber die Versuche der Psychologen eher jämmerlich und vor allem ganz und gar nicht neuartig wirken (Watson, 1982). Alle vorgeschlagenen Methoden (ob von Psychologen oder von Sadisten erdacht) unterliegen den gleichen Einschränkungen wie zum Beispiel die verhaltenstherapeutischen »Konditionierungsmethoden«: Sie lassen sich nicht stringent aus der Theorie oder aus Experimenten ableiten, ihre Wirkung beruht mit Sicherheit auf anderen als den ursprünglich angenommenen Gründen, sie sind alles andere als universell anwendbar und längst nicht immer erfolgreich; Prognosen gar sind unmöglich. Im besten Falle handelt es sich um die Systematisierung von Alltagswissen.

So wie diese Art von akademischer naturwissenschaftlich orientierter Psychologie nicht wirklich zur Destruktion des Menschen geeignet erscheint, bietet sie andererseits nur wenig Hilfe zur Beantwortung der Frage, wie man denn eigentlich »richtig« leben solle, um glücklich und friedlich zu werden. Trotzdem wurde in den letzten zwanzig bis dreißig Jahren diese Frage zunehmend an die Psychologie gestellt und – wie der populärpsychologische Bücherboom, Fernsehsendungen und psychologische Ratgeberecken beweisen – auch von ihr beantwortet. Das Modell der »offenen Ehe« als Rezept gegen die lästigen Beschränkungen der Monogamie, das Konzept der Midlife-crisis, um die Erfolgsdepression von Karrieristen verständlich zu machen, die hilfreiche Einsicht, daß man Sterbenden ihre Lage erleichtert, wenn man sich im Umgang mit ihnen von eigenen Ängsten freimacht: All diese Anleitungen zum Verständnis von und Umgang mit psychischen Problemen kommen jedoch nicht aus der akademisch-naturwissenschaftlichen Psychologie. Diese »springt« höchstens auf bestimmte Themen »auf«, um sie dann mit Hilfe von Forschungsgeldern so lange zu zerpflücken, bis sie dem Ideal der naturwissenschaftlichen »Variablen«-Psychologie gleichen, aber unkenntlich geworden sind. Hie und da gibt es allerdings schon Projekte, die eher mit qualitativen Ansätzen (Fallanalysen, Tagebüchern... etc.) arbeiten: Von ihnen erhält man manchmal etwas globalere und verständlichere Befunde. Zwar waren diese schon vor drei bis fünf Jahren allen »Stern«- und »Spiegel«-Lesern geläufig, gelten jetzt aber als »wissenschaftlich abgesichert« (typisches Beispiel: die Jugend-Thematik).

Hat also die »für alle Lebenslagen« bereitgestellte Populärpsychologie mit der Akademischen Psychologie im naturwissenschaftlichen Sinn nichts gemein? Das ist nicht eindeutig zu beantworten. In den heiligen Hallen der »reinen« (experimentierenden, rechnenden, operationalisierenden...) Psychologie dringt nämlich seit ca. fünfzehn Jahren mit zunehmender Schnelligkeit ein »Bastard« ein, die sogenannte »Klinische Psychologie« – argwöhnisch beobachtet von den Gralshütern der Wissenschaft, emphatisch begrüßt und studiert von den Psychologiestudenten (Wittchen, 1980). Diese Klinische Psychologie hat sich – unter dem Zwang zum Handeln stehend – verschiedener philosophischer, anthropologischer und soziologischer Konzepte bemächtigt, um darauf ihre Vorstellungen von der Entstehung und Korrektur psychischer Leiden zu gründen. Nur ein kleiner (und wenig publikumswirksamer) Teil dieser Bemühungen gilt noch immer der Errichtung einer »experimentell fundierten«, naturwissenschaftlich ausgerichteten Klinischen Psychologie. Der Großteil auch der akademischen Klinischen Psychologie findet seinen Nährboden in der bisher verachteten Literatur der Psychoanalyse oder in philosophischen und soziologischen Überlegungen. Manch Literaturplan braver Uni-Seminare weist nun schon H. E. Richters »Patient Familie« (1970), Millers »Begabtes Kind« (1979) oder Stierlins »Delegation und Familie« (1982) auf.

Auch Humanistische Psychologie wird von der Klinischen Psychologie recht ungeniert an die Universität gebracht. (Rogers, der als Theologe und Naturwissenschaftler die Therapieforschung durch ein quasi-empirisches Vorgehen bereicherte, ist sogar für naturwissenschaftlich ausgerichtete Psychologen gerade noch akzeptabel.) Die populärpsychologische Literatur wird also nicht nur von Journalisten, psychologischen Laien oder den akademisch nicht anerkannten Psychoanalytikern verfaßt, sondern immer öfter auch von Klinischen Psychologen mit akademischem Selbstverständnis.

Welche Fragen werden dieser »populären« Psychologie gestellt? Welche Antworten findet sie?

Wenn wir in den Buchhandlungen die Abteilung »Psychologie« mit ihren verkaufsträchtigen populären Neuerscheinungen durchforsten, wird sofort klar, daß sich hier ein problem- und diskussionsträchtiges Feld auftut: Umgang mit Kranken,

Kindern, Jugendlichen; Bewältigung von Trennung, Krebs, körperlicher Beeinträchtigung; Eltern-Kind-Probleme in tausend Variationen; psychologische Funktion von Idealen; Drogen und Alkohol: Es geht um Diagnosen, Erklärungen, Wege zur Veränderung.

Fragen und Antworten kreisen letztendlich immer wieder um alte und unergründliche Themen: Wer bin ich? Warum muß ich an mir selbst und an meiner Umwelt leiden? Was kann ich tun, um glücklicher zu werden?

Immer wieder geht es um die Frage nach dem individuell erreichbaren Glück, nach dem persönlichen »rechten Leben«, die dem Psychologen gestellt wird. Ob seine Antworten aber genügen, um das »rechte Leben« zu gewährleisten, wird von vielen bezweifelt.

Die drei Wegweiser der Populärpsychologie

Die Botschaften kommen aus den Lagern der verschiedenen Tiefenpsychologien sowie der Humanistischen Psychologie; hier und da auch aus denen der »strengen« systemtheoretischen, kommunikationstheoretischen oder verhaltenstheoretischen Ansätze.

Versuchen wir zuerst, das Angebot an Lebenshilfen zu systematisieren, bevor wir überlegen, ob es dazu geeignet ist, auch heute weiterzuhelfen. Von den Angeboten an »bekannten« Therapieschulen (Gesprächspsychotherapie, Verhaltenstherapie, Psychoanalyse) bis zu esoterisch-östlichen Ratschlägen finden wir etwa drei Prototypen von Heilswegen vor:
1. den vernünftig-kalkulierenden Weg der Aufklärung;
2. den unmittelbaren Weg zum »wahren Selbst«;
3. die Anleitung zur Abkürzung des einstmals mühseligen Weges vom Es zum Ich.

1. Der vernünftig-kalkulierende Weg der Aufklärung

Literatur (Briefkastenratschläge, Fernseh- und Radiosendungen, Trainingsangebote ...), die sich aus lern- und kommunikationstheoretischen Ansätzen speist, ist meist am »handlichsten« und am besten zu bewältigen. Watzlawicks »Anleitung zum Unglücklichsein« (1983) zum Beispiel fordert – wenn auch in ironischer Verkehrung – nichts anderes als eine Potenzierung des sogenannten »gesunden Menschenverstandes« in allen Problemlagen. Menschen haben sich unpraktische Gewohnheiten zugelegt – zum Beispiel die Gewohnheit, schon alles Schlechte zu antizipieren, so daß sie ihr eigenes Scheitern vorprogrammieren, oder die Gewohnheit, aus jeder Mücke einen Elefanten zu machen, und ähnliches mehr – und von diesen Gewohnheiten müssen sie einfach ablassen.

Die Antwort, wie sie das erreichen sollen, ist meist nicht allzu problematisch: Diskussionen, Übungen im »richtigen« Verhalten, die Einübung per Rollenspiel – im Grunde wird davon ausgegangen, daß Menschen, einmal über die Unvernünftigkeit ihrer Gewohnheiten aufgeklärt, sich qua Vernunft anders verhalten werden. Das dahinterstehende simple Menschenbild eines Homo rationalis macht den Verzicht auf die Erklärung von Ursachen der »unvernünftigen« Gewohnheiten ebenso leicht wie das rasche Übergehen des inneren Kampfes, den es kostet, solche »Unvernunft« abzulegen. Irrationales ist eine Art Betriebspanne, die es möglichst schnell zu entdecken gilt: man stellt sie ab. Diese Sorte Ratgeber tritt – in leicht verwissenschaftlichter Form – die Nachfolge der amerikanischen Lebenshilfe-Literatur der fünfziger Jahre an (»Wie man glücklich – reich – beliebt – erfolgreich ... wird«). Da werden zum Beispiel »Austauschtheorie«-Verträge zwischen Partnern abgeschlossen (»Sex gegen Plauderstunde am Kamin«) oder gewünschte Interaktionen mit Chips belohnt (»Reinforcement-Theorie«) und ähnliches mehr.

Sofern der Titel griffig ist und das Buch sich vom Preis her als

Geschenk eignet, können solche Titel auf die Bestseller-Liste kommen. Ich habe aber den Eindruck, daß ihre Zeit eigentlich vorbei ist.

2. Der unmittelbare Weg zum »wahren Selbst«

Das »wahre Selbst« wird nicht durch ein paar Tricks und die einfache Diagnose der Unvernunft erreicht. Die fernsehöffentlichen Encountergruppen des humanistisch-psychologisch orientierten Ehepaares Tausch, die vor einigen Jahren erst Popularität erlangten, geben einen Eindruck von der »Richtung«, in die das Interesse geht. Seither sind unzählige Bücher geschrieben worden, die klarmachen, wie man zu jener exquisiten Echtheit und Wahrhaftigkeit kommt, welche das innere Wachstum des Menschen fördern und auch in den Kontakten jene Klarheit schaffen, die zur »echten Liebe« führt. Jenseits unserer Rollenzwänge, der uns aufgepfropften falschen Identitäten sollen wir unser »Eigentliches«, »Unzerstörbares« finden. Humanistische Psychologen verschiedener Couleur gehen davon aus, daß alles, was der Mensch braucht, »innen« liegt, und der Weg dorthin ist im Grunde ganz einfach. Abzuschütteln sind die entfremdenden Gewohnheiten des Urteilens und Verurteilens, der Orientierung nach außen. Es gilt, immer schon Gewußtes wieder ans Tageslicht zu bringen: einfach zuzuhören ohne die Zutat des eigenen Urteils und der eigenen Projektion (Gendlin, 1981; Satir, 1975; Gordon, 1978; Tausch, 1981 etc.); auf die eigenen Gefühle zu lauschen und Wut, Trauer oder Glück zuzulassen.

Ist dies erreicht, dann entfaltet sich ein Gefühl von Spontaneität und Unmittelbarkeit, ein Gefühl des »Ganz-bei-sich-selbst-Seins«, das offenbar geeignet ist, dem Menschen zur Entwicklung aller möglichen verschütteten Eigenschaften zu verhelfen; der Werbetext von Gendlins Buch verspricht zum Beispiel »Erleichterung beim kreativen Schreiben... Heilprozesse... Streßreduktion... Problemlösen...« und ähnliches, und dies alles nur durch sorgfältige Beachtung der Gefühle im eigenen Körperraum. Interaktionen sollen verbessert werden durch Verbesserung der »Kunst des Zuhörens«, wobei es einem durch eine Reihe von beispielhaften Anleitungen erleichtert wird, sich in den »Bezugsrahmen des Partners« zu versetzen (Wiederholung des Gesagten, Zusammenfassung des gefühlsmäßigen Gehaltes, Differenzierung zwischen »Ich«- und »Du«-Botschaften).

Diese »Ratschläge« setzen nicht nur – wie in der Verhaltenstherapie – ein wenig Alltagsvernunft voraus. Sie appellieren an ein »tieferes«, wenngleich vageres quasi metaphysisches Bedürfnis nach dem »Echten« als dem »Absoluten«, das allein imstande ist, ein glückliches Leben in innerem Frieden zu gewährleisten. Hier wird nicht – wie im verhaltenstheoretischen Rahmen – Glück und Zufriedenheit als möglichst reibungsloser Ablauf der Alltagsaktivität angezielt. Hier wird ein das Alltagsleben transzendierender Zustand innerer Harmonie und Wahrhaftigkeit angestrebt, der moralischen Impetus aufweist. Psychologie gibt hier – gewissermaßen als Nachfolger der praktischen Philosophie – Leitlinien zum »rechten Leben« im moralischen Sinn. Das »Echte« ist dem »Guten« gleichzusetzen; implizit enthält die Humanistische Bewegung damit eine Morallehre. Die zu erlernenden »Techniken« können einem nicht aufgepfropft werden; man muß prinzipiell bereit sein, die Botschaft zu empfangen, um so das Unwahre und Störende in sich selbst zu beseitigen. »Techniken« sind nur Sensibilisierungshilfen für diejenigen, die bereit sind, sich für die unmittelbaren Erfahrungen von innen und außen freizumachen. Ähnliches geschieht in der Meditation.

Die »Echtheits«- und »Unmittelbarkeits«-Ideologie allerdings wird von Kritikern immer wieder in Frage gestellt.

Cohen und Taylor (1977) haben sie als eine Form des Ausbruchs aus der Uniformierung des Alltags auf der Suche nach Identität aufgewiesen und gleichzeitig gezeigt, wie auch dieser

Ausbruch wiederum eingefangen wird von der Uniformität der »Echtheits«-Rolle. Nichts Komischeres daher als die Begegnung zweier Menschen, die gelernt haben, ihre wahren Gefühle »ganz spontan« auszudrücken, und es verstehen, in der richtigen Art »einander zuzuhören«. Dies ergibt ein weites und schon weidlich ausgenutztes Feld für die Satire.

Echtheit wird auch oft als Verschleierung gesellschaftlich verlogener Situationen gebrandmarkt. (In letzter Zeit hat besonders Sennet [1983] die »Intimität«, die durch den öffentlichen Austausch authentischer Gefühle entsteht, als barbarisch charakterisiert, weil sie den zivilisierten gesellschaftlichen Umgang miteinander schädige.)

3. Die Anleitung zur Abkürzung des einstmals mühseligen Weges vom Es zum Ich

Während das breiteste Angebot an Therapien, Encountergruppen und Wochenendtrainings aus der Ecke der Humanistischen »Hier und Jetzt«-Therapien stammt, ist das populärpsychologische Literaturangebot unverhältnismäßig stark von der Psychoanalyse aller Schattierungen bestimmt. Keine psychologisch relevante Frage, zu der nicht H. E. Richter, Mitscherlich, Argelander, Schmidbauer oder Stierlin ihre Stimme erheben – in eigenen Büchern, am Podium oder zumindest als Zitat.

Die Psychoanalyse – anders als die Akademische Psychologie – ist mit einigen wichtigen Kategorien ins allgemeine Bewußtsein eingedrungen und hat sich dort mit Alltagspsychologie und Moral zu einem oft seltsamen Gebräu vermischt. Nun liegt es im Wesen der Psychoanalyse, daß eigentlich nur das langsame Durchleben und Durchleiden der eigenen Lebensgeschichte auf der Couch letzten Endes Klarheit verschafft, ob sich Konzepte wie »Projektion«, »anal-sadistischer Machtkampf«, »Wiederkehr des Verdrängten« und ähnliches zur Beschreibung und Erklärung von Haltungen, Gefühlen und Ideen eignen. Andernfalls handelt es sich allzu leicht um ein raffiniertes »Gustostückel« des Intellekts, mit dem sich beliebig spielen, argumentieren und häufig auch diffamieren läßt. Schon 1944 beschrieb Adorno seine Bedenken hinsichtlich der Popularisierung der Psychoanalyse in folgenden Sätzen:

»Die fertig gelieferte Aufklärung verwandelt nicht nur die spontane Reflexion, sondern auch die analytischen Einsichten, deren Kraft gleich ist der Energie und dem Leiden, womit sie errungen werden, in Massenprodukte und die schmerzlichen Geheimnisse der individuellen Geschichte, die schon die orthodoxe Methode auf Formeln zu reduzieren geneigt ist, in geläufige Konventionen.« (S. 78)

Seither hat die Welle dieser »fertig gelieferten Aufklärung« ungeahnte Ausmaße erreicht, wobei oft eine Amalgamierung humanistischer Versatzstücke mit psychoanalytischen Ideen zur leichteren Faßbarkeit der spröden Gedanken der Psychoanalyse beitragen. (Der in letzter Zeit wohl bekannteste Versuch: Alice Millers Bücher.)

Die verschiedenen psychoanalytischen Schulen haben bisher als einziger psychologischer Ansatz in sich einigermaßen konsistente Konzepte nicht nur zur differentiellen Neurosenlehre geliefert; darüber hinaus haben viele Psychoanalytiker versucht, alltägliche Interaktionsschwierigkeiten im Zusammenhang mit diesem Neurose- und Entwicklungskonzept zu erklären (zum Beispiel die Ehebücher von Willi [1980] und Heigl-Evers [1977]). Da die wenigsten Leser aber eine Psychoanalyse »am eigenen Leib« ausprobieren können, sind sie diesen oft recht komplizierten und daher schlecht widerlegbaren Analysen ziemlich hilflos ausgeliefert. Diese können auch – anders als die vorher genannte Humanistische Literatur – nur schwer etwas zur unmittelbaren »Veränderung« des einzelnen beitragen.

Erleichterung oder Lebenshilfe, die von psychoanalytischer Literatur geboten wird, liegt kaum je in einer spezifischen »Anleitung zum Bessermachen«. Sie liegt eher darin, daß Phänomene identifiziert und erklärt werden – das heißt also, daß man der oft überwältigenden Chaotik der realen Lebensproblematik begrifflich Herr wird, die Begriffe zur Abgrenzung und Diskussion verwenden kann, und daß sich auf diese Weise wohl auch oft Angst vermindern läßt. Die Erkenntnis, daß die Launen des Partners – nach Riemanns Typologie betrachtet – seiner hysterischen Charakterstruktur zuzuschreiben sind, deren Prototyp »heute nichts mehr von dem weiß, was er gestern gesagt hat«, läßt die Probleme mit dem anderen nun besser strukturierbar erscheinen; die Rückführung auf den »Typ« erleichtert das Ertragen der Launen, verleiht einem unter Umständen ein wenig mehr Gelassenheit und vermindert moralische Verurteilung.

Die Spreu vom Weizen sondern

Die Psychoszene ist – wie alles, was Menschen denken und tun – natürlich auch der Vermarktung und Verflachung ausgesetzt. Viele ihrer Produkte lassen das spüren, und es ist leicht und Mode geworden, sich über Encountergruppen, »Ich-und-Du«-Fernsehsendungen oder die »3mal-pro-Woche-auf-der-Couch«-Mentalität lustig zu machen. Das interessante »Verstehens«-Spiel läßt sich mit psychoanalytischen Kategorien besonders gut spielen und hält die Gespräche vieler Parties, intimer Stunden und Fernsehsendungen aufrecht.

Die Spötter aber täten besser daran, die Spreu vom Weizen zu sondern und diesen unters Volk zu bringen. Dazu muß man sich allerdings zuerst einmal die Gefahren der Psychokultur klarmachen.

Es genügt vielleicht, sich einiges Bekannte ins Gedächtnis zu rufen, so:
– Im Sektor Verhaltens- und Kommunikationstherapie setzt sich häufig die Illusion fest, es sei eigentlich »recht leicht«,

117

vernünftig zu sein. Hier aber wird einer Scheinvernunft das Wort geredet, die weder die »Logik des Herzens« noch die Faszination des Irrationalen zur Kenntnis nimmt. Im Konsumenten erzeugt sie allzuleicht das Gefühl, irgendwie der »Dumme« zu sein, als Außenseiter oder kleines Kind nicht teilzuhaben an der Welt der vernünftigen »Erwachsenen«.

– Der Bereich der verschiedenen Humanistischen Richtungen birgt die Gefahr der völligen Subjektivierung unter Außerachtlassung der Außenwelt in sich. Wo nur mehr nach der subjektiven Bedeutung eines Sachverhalts gefragt wird und seine objektive Relevanz sich in dieser Frage auflöst, können reale Bedrohungen übersehen werden.

– Im Sektor Psychoanalyse wiederum ist Wachsamkeit dort geboten, wo die detektivische Überlistung des anderen (und nicht der eigenen Person) im Vordergrund steht.

Sieht man über eine Reihe ganz offensichtlicher Albernheiten von Psychoszene und Psycholiteratur hinweg, dann kristallisiert sich aber – sozusagen quer durch alle aufgezeigten Richtungen – einiges heraus, was mir wichtig erscheint. Es ist:

– die Hoffnung, daß Menschen einzeln und in Gruppen imstande sein können, sich selbst zu helfen, wenn sie bereit sind zur Innenschau, dazu, von den alltäglichen Klagen, Anschuldigungen und defätistischen »So-ist-das-Leben-nun-mal«-Stoßseufzern zu lassen. Der Anstoß zum Innehalten, zur Frage, ob »das Leben wirklich so sein muß«, durchzieht die ganze Psychoszene. Ein neuer Bezug zwischen dem Ich und der Welt aber eröffnet neue Perspektiven der Handhabung von Ich und Welt – und diese können durchaus Erleichterung verschaffen. Die Sensibilisierungshilfen, die von den einzelnen Richtungen geboten werden, mögen mehr oder weniger flach erscheinen. Wichtig ist jedoch, daß hier Möglichkeiten gezeigt werden, das Steuer herumzureißen – und sei es nur im persönlichsten Bereich. Wie noch darzulegen ist, halte ich es für einen gravierenden Fehler, Veränderungen anzustreben, ohne *auch* den persönlichen Bereich in Betracht zu ziehen – wie immer die uns ängstigenden Bedrohungen aussehen mögen.

– Nicht in allen psychologischen Ratgebern in gleicher Weise, aber doch immer wieder spürbar, wird ein wichtiges Angebot gemacht. Ich möchte es nennen: die reinliche Scheidung von »Innen« und »Außen«.

Kommen wir auf unsere Ausgangsfrage zurück, ob mit Hilfe der Psychologie das »rechte Leben« zu erreichen ist: Oder ist die Psychoszene mit ihren vielfältigen Analysekategorien, Anleitungen zur Veränderung von Ansichten und Beziehungen nur ein symptomdämpfendes Mittel und somit im Sinne von H. E. Richter (1979) eine oberflächliche Möglichkeit der »Leidvernichtung«? Und worin besteht dieses »rechte Leben«? Genügt ein naives individuelles Streben nach liebevollen Beziehungen, nach innerer Ruhe und Freude, um das Damoklesschwert aller Gefährdungen unschädlich zu machen, oder brauchen wir neue moralische Strategien, ein neues Bewußtsein für »Recht« und »Unrecht«?

Ich denke, wir brauchen ein neues Bewußtsein. Zwar konnten Menschen einander immer schon Böses antun: einander betrügen, bespitzeln, verwunden, ausbeuten und töten; in einem gewaltigen qualitativen Sprung jedoch haben sich diese Möglichkeiten in ungeahntem Ausmaß potenziert. Andererseits: Wer oder was aber soll angeklagt, beschworen, gebeten werden, uns in einer gesunden Umwelt in Frieden leben zu lassen?

Meiner Ansicht nach gibt es Erfahrungen und Erkenntnisse aus der Psychopathologie sowie aus der Psychotherapie, die für unsere Bemühungen um das »rechte Leben« nützlich sein könnten und über ein naives Glücksstreben hinausgehen. Es ist zum Beispiel die Erfahrung, daß ein Leidender dann, wenn Bedrohungen ihm anonym, vage und konfus erscheinen, Erleichterung nur darin findet, daß er lernt, Subjektives von Objektivem zu unterscheiden. Das heißt, er muß erkennen, daß einer möglichen objektiven Bedrohung eine Bedrohung durch die eigenen psychischen Kräfte entspricht. Der Paranoide, der sich dauernd überwacht und bespitzelt fühlt, muß sein schlechtes Gewissen und sein Schuldgefühl entdecken; derjenige, dem überall Gewalttäter auflauern, wird sich mit seiner eigenen (abgewehrten) Gewalttätigkeit auseinandersetzen müssen. Dies alles heißt *nicht,* wie fälschlicherweise immer wieder angenommen wird, daß hier qua Psychologisierung objektive Gefahren bagatellisiert werden sollen. Es *gibt* viel Gewalt, unsere Nahrung *ist* vergiftet, wir *werden* überwacht – und all dies spiegelt sich in den Ängsten psychiatrischer Patienten ebenso wider wie in den Lebensproblemen des »normalen Neurotikers«. Es bedeutet lediglich, daß die dauernd vorgenommenen Externalisierungen innerer Konflikte erkannt und relativiert werden müssen. Dies heißt aber nicht, daß eine Entpolitisierung und Entgesellschaftlichung durch Intimisierung (Sennett) notwendigerweise stattfinden muß.

Eine Parallele findet sich in der Vision Orwells »1984«. Sie basiert auf der schlauen Verbindung technischer Möglichkeiten mit psychischen Bereitschaften: Wortbedeutungen werden in ihr Gegenteil verkehrt – und schon ist der Durchschnittsbürger bereit, sich den Gedanken zu unterwerfen. Gedankenkontrolle findet ihre willigen Opfer, Lügen und Verdrehungen, durch Medien verbreitet, werden massenhaft geglaubt. Nicht einmal die Liebe scheint stark genug, dem Helden des Buches seine Individualität zu sichern. Nach Drohungen und Gehirnwäsche ist er bereit, den allgegenwärtigen Aufpasser »Big Brother« zu lieben und sich ihm bedingungslos zu unterwerfen.

Diese Internalisierung von Gehorsam und Anpassung kann nur geschehen, weil der Mensch verlernt hat, zwischen »Innen« und »Außen« zu unterscheiden. Orwell schildert ein Individuum, dessen Fähigkeit zur Selbstreflexion, zum »Horchennach-innen«, zum Aufspüren feinster Inkongruenzen und damit überhaupt zum differenzierten Fühlen so stark reduziert worden ist, daß man es fast beliebig – wie eine Sache – dazu bringen kann, nach fremdem Plan zu funktionieren.

Dieses Bild des Menschen ist uns leider nicht gänzlich fremd. Was also liegt denjenigen, die sich systematisch mit der menschlichen Seele beschäftigen (den Agenten der »Psychoszene«) näher, als mit allen Kräften daran zu arbeiten, Menschen zu befähigen, ihre Sensibilität und Individualität wieder neu zu gewinnen?

In einer Epoche der akuten Bedrohung, wie Orwells Metapher »1984« sie kennzeichnet, bedarf es – so meine These – einer präziseren Kennzeichnung von »Innen« und »Außen« als je zuvor. Traditionelle Appelle an Nächstenliebe, Gewaltlosigkeit und Mut sind, da sie auf niemanden speziell gemünzt sein können, meist wirkungslos. Konfuse Bedrohungen, so lehrt uns die Psychotherapie, erzeugen Angst, aber keine Kampfkraft. Erst wenn der äußere Feind sich vom inneren klar trennen läßt, wird Widerstand möglich. Deshalb haben H. E. Richter (1982), Pohlen (1983) u. a. recht, wenn sie immer wieder alle Friedenswilligen dazu auffordern, sich ihrer eigenen Gewalttätigkeit, ihrer abgewehrten aber existenten Lust am Untergang bewußt zu werden. Dies – als Chance der Psychologie, dem Menschen zu helfen – bedeutet den Aufruf zu einer permanenten Sensibilisierung für das »Innen«. Unsere innere, nicht erkannte (verdrängte) Bereitschaft zum Tod, zur Gewalt, zur Lüge, zur Beschädigung des Menschen und der Natur vernebelt die klare Sicht auf den äußeren Feind. Er wird einerseits anonym oder in teuflischer Gestalt symbolisiert (»der gewissenlose Schmierenkomödiant Reagan«, »die herzlosen, eiskalten Sowjet-Funktionäre«), andererseits als unkontrollierbarer Zufall, als Sachgesetzen gehorchende Entwicklungsnotwendigkeit gesehen. Doch auch die äußere Bedrohung kommt von Menschen wie du und ich. Erst wenn wir den inneren Feind erfahren und erkannt haben, werden wir sie im jeweiligen Fall spezifischer erkennen können.

In diesem Sinne können wir Sensibilisierungshilfen der Psychoszene durchaus gebrauchen – sofern wir sie nicht als rasche Glückssuche, flache Echtheitsideologie oder als Gesellschaftsspiel mißbrauchen. Jedes Angebot der Psychoszene muß daraufhin untersucht werden, ob es geeignet scheint, das abgewehrte »Böse« in uns selbst erkennbar und erfahrbar zu machen. »Rechtes« Leben darf heute weniger denn je mit dem Anspruch auf glückliches Leben im Sinne der »Leidvernichtung« verwechselt werden. »Rechtes Leben« muß mehr denn je heißen: aufmerksam werden für innere Inkongruenzen, für die stets bereitstehende Abwehr mittels Verdrängung und Projektion des Bösen und Zwiespältigen in uns selbst; sensibel werden für die vielfachen Projektionen, mit deren Hilfe wir uns über unsere inneren Abgründe immer wieder hinwegtäuschen wollen. Es heißt: bereit sein, sich dem Leid zu stellen, das aus uns selbst kommt. Erst dies kann unsere Sinne schärfen für das tödlich bedrohende Böse und Unechte, das wir in der Welt von heute vorfinden.

Literatur

Adorno, Th. W.: Minima moralia. Reflexionen aus dem beschädigten Leben. Frankfurt 1951

Cohen, St., und Taylor, L.: Ausbruchsversuche, Identität und Widerstand. Frankfurt 1977

Gendlin, E. T.: Focusing. Technik der Selbsthilfe bei der Lösung persönlicher Probleme. Salzburg 1981

Gordon, Th.: Familienkonferenz in der Praxis. Hamburg 1978

Heigl-Evers, A., und Heigl, F.: Lieben und Geliebtwerden in der Ehe. Eine tiefenpsychologische Studie. München 1977

Miller, A.: Das Drama des begabten Kindes und die Suche nach dem wahren Selbst. Frankfurt 1979

Pohlen, M.: Zu den Wurzeln von Gewalt. In: Passett, P., und Modena, E. (Hrsg.): Krieg – Frieden. Frankfurt 1983

Richter, H. E.: Patient Familie. Hamburg 1970

Richter, H. E.: Der Gotteskomplex. Hamburg 1979

Richter, H. E.: Zur Psychologie des Friedens. Hamburg 1982

Satir, V.: Selbstwert und Kommunikation. Familientherapie für Berater und zur Selbsthilfe. München 1975

Sennett, R.: Verfall und Ende des öffentlichen Lebens. Die Tyrannei der Intimität. Frankfurt 1983

Stierlin, H.: Delegation und Familie. Frankfurt 1982

Tausch, A. M.: Gespräche gegen die Angst. Frankfurt 1982

Watson, P.: Psychokrieg. Möglichkeiten, Macht und Mißbrauch der Militärpsychologie. Düsseldorf 1982

Watzlawick, P.: Anleitung zum Unglücklichsein. München 1983

Willi, J.: Die Zweierbeziehung. Hamburg 1980

Wittchen, H. U., und Fichter, M.: Psychotherapie in der BRD. Materialien und Analysen zur psychosozialen und psychotherapeutischen Versorgung. Weinheim 1980

10. Akademische Psychologie – ein geistiger Schildbürgerstreich

Wenn ich den erleichtert strahlenden Kandidaten am Ende der Diplomprüfung Glück wünsche, fühle ich mich immer häufiger als Betrügerin. Welche Ware haben wir akademischen Lehrer ihnen eigentlich verkauft? Ist's Schrott, den sie zugleich mit der Diplompsychologen-Urkunde wegwerfen könnten, oder hat die Alma mater vielleicht doch als eine fürsorglich nährende Mutter ihre Immunschranke gegen Langeweile, Aggression und Resignation heraufsetzen können?

Die Psychologenarbeitslosigkeit auf lange Zeit hin werden wir nicht verhindern können. Noch viele Jahre hindurch werden uns vermutlich diplomierte und promovierte Sozialwissenschaftler im Taxi zur Bahn fahren.

Gleichzeitig aber wandelt sich das Lebensgefühl jüngerer Menschen: Der »Job« wird interesselos abgeleistet, das wahre Leben beginnt oft in der arbeitsfreien Zeit. Die Universität sollte sich darauf besinnen, dieser Identitätsbildung in der Freizeit Schützenhilfe zu leisten. »Psychologie« scheint als Studium besonders gut dazu geeignet. Stimmt das aber wirklich?

Es ist an der Zeit, unsere Curricula nicht nur in Hinblick auf Berufsqualifikation, sondern auch auf ihren allgemeinen Wert als geistiges Gut hin zu überprüfen. Wir müssen die naive Studentenfrage der enttäuschten Zweit- und Drittsemester ernst nehmen: »Was habe ich eigentlich von diesem Studium?« Wir sollten sie ernst nehmen nicht nur als Frage der zukünftigen arbeitslosen Psychologen, sondern mit Blick auf den künftig arbeitenden Psychologen wie auf die Relevanz des Faches hin.

Als Vertreterin der Klinischen Psychologie (wo die Skepsis gegenüber der etablierten Hochschulpsychologie immer schon lebhafter war als in anderen Sparten) habe ich mich lange Zeit ganz naiv so verhalten, als walte in der Wissenschaft eine Art glückliches Darwinsches Prinzip.

Warm eingehüllt von der kritischen Sympathie klinischer Kollegen, die sich mit individuellen Menschen und ihren Problemen, Lebensgemeinschaften und Wohnvierteln, Fragen nach Sinn, Glück und Unglück des menschlichen Lebens und ähnlich spannenden Dingen beschäftigen, hatte ich wohl nach und nach die Vorstellung entwickelt, dies seien der Psychologie wahrhaft würdige Gegenstände, die man beobachtend, fragend, verstehend, handelnd und reflektierend begleite, womit man sich natürlich an der Spitze des Fortschritts in den Wissenschaften vom Menschen befinde.

Die alten Technokraten mit ihren sterilen Experimenten, Fragebogen, Tests und Computerbögen würden, so hatte ich gedacht, nach und nach aussterben wie die Dinosaurier – hinweggelacht von denen, die sich für Menschen in ihrer Gesamtheit wirklich interessieren. Kurzum: Ich habe vermutlich die Faktoren von Macht und Geld unterschätzt. Natürlich wußte ich, daß die Gutachter der Deutschen Forschungsgemeinschaft fast nie Projekte unterstützten, die mir unterstützenswert erschienen, daß in der Deutschen Gesellschaft für Psychologie noch nicht einmal eine Sektion »Klinische Psychologie« besteht – ich hatte aber auf die Selbsttätigkeit des »wahren« und »menschenwürdigen« Ansatzes gesetzt und mich über den ganzen Antrags-Sitzungs-Redeordnungs-Traktandumlistenkram gelangweilt hinweggesetzt. Doch offensichtlich stirbt er nicht aus – im Gegenteil. Je knapper die Arbeitsplätze für Psychologen, desto emsiger das Bemühen, technokratische Psychologie per Lehre und Forschung zu installieren (Studienreformkommission!) und uns Psychologen, denen Einzelfälle, verstehende Methoden, qualitative Ansätze und ähnliches wichtig sind, ins Ghetto zu verweisen.

Natürlich kann man – und dies geschieht – psychologische Forschung in bekannter künstlicher Manier aufbauen und in den Elfenbeinturm nur diejenigen hineinlassen, die gewisse Zauberformeln beherrschen. Die wenigen, die noch Zugang zur »Praxis« bekommen, haben entweder das Glück, von einem der Ghettobewohner ausgebildet zu werden, oder sie besuchen den Psychomarkt, um – je nach finanziellen Möglichkeiten – eine oder zwei oder drei Ausbildungen zu kaufen. Möglicherweise bewirkt dies in Zukunft eine »natürliche Abschreckung« derjenigen, die Psychologie studieren wollen. Da sie sich über ihre »Nullchance« der Berufsausübung klarwerden, wird ein derart unlebendiges Studium für sie vermutlich nicht mehr attraktiv sein, und viele werden sich daher auch nicht mehr der Mühe unterziehen wollen, Faktoren zu rotieren und Signifikanztests durchzuführen. (Technokraten nennen dies: »das Niveau heben« – da sie merkwürdigerweise davon ausgehen, daß eine MDS – multidimensionale Skalierung – schwerer zu bewerkstelligen sei als die sinnvolle Interpretation eines Gesprächs zwischen Klient und Therapeut anhand analytischer Kategorien.) Wäre dies nicht eine glückliche Lösung für das Problem der Psychologenschwemme?

Ich halte es für eine katastrophale Lösung. Katastrophal für lernwillige Jugendliche: Als unausweichlich der Aufklärung verbundene Rationalistin glaube ich noch immer an die Macht des Geistes und möchte daher ungeachtet der Akademikerarbeitslosigkeit so viel Bildung wie nur möglich unter die Jugend streuen. Katastrophal für die Wissenschaft der Psychologie: weil sie uns nurmehr als Mumie überdauern wird. Ich glaube nämlich, daß die Wissenschaft der Psychologie *jetzt* (und nicht erst in ferner Zukunft, wenn die Computer noch besser oder die physiologischen Forschungen verfeinert worden sind!) imstande sein könnte, lebendigen Menschen wichtige Erkenntnisse über andere lebendige Menschen und ihre Lebensumstände zu vermitteln, und daß sie sogar dazu beitragen könnte, Anleitung zum »besseren Leben« zu geben. Hinsichtlich ihres derzeitigen Wertes stehe ich etwa auf dem Standpunkt von D. Dörner (1983): »Böse Zungen behaupten, die Psychologie sei eine Wissenschaft, die Fragen beantwortet, die niemand gestellt hat, da entweder die Antworten längst bekannt sind oder die Fragen niemanden interessieren.« Dem wäre noch hinzuzufügen, daß die Psychologie, sofern man ihr Fragen stellt, diese meist nicht beantworten kann.

Welche Möglichkeiten jedoch haben wir akademischen Lehrer, Psychologie so zu lehren, daß einige wichtige Fragen beantwortbar werden, daß unsere Psychologie-Absolventen es wagen, neue zu stellen, und daß sie – auch ohne etablierte Berufstätigkeit – imstande sind, sich ihres Studiums in ihrem persönlichen Leben zu bedienen? Sicher genügt es nicht, auf die dürren Ergebnisse irgendeiner Reformkommission zu warten. Ich nehme sogar an, daß wir – wenn wir unser Fach ernst nehmen – diese eher geschickt unterlaufen als buchstabengetreu erfüllen sollten.

Mein eigener Vorschlag, wie man das Studium lebendiger machen (und das soll heißen: wie man seine Relevanz erhöhen) könnte, läuft darauf hinaus, drei Hauptstränge zu etablieren:

1. Psychologie in ihren Beziehungen zu anderen geistigen Bereichen;
2. Psychologie als Möglichkeit, wesentliche Alltagsprobleme zu begreifen;
3. psychologische Strategien zur praktisch-kommunikativen Lebensbewältigung.

1. Psychologie in ihren Beziehungen zu anderen geistigen Bereichen

Die spezifisch deutsche *Tradition* einer geisteswissenschaftlich-verstehenden Psychologie hatte aus verschiedenen Gründen – trotz einiger hervorragender Vertreter – im akademischen Bereich wenig Chancen.

Thomae (1977) zeigt in seiner interessanten Psychologiegeschichte am Fall W. Wundt besonders prägnant auf, wie nur selektive Rezeption des Wundtschen Werkes diesen zum »Vater der experimentellen Psychologie« gemacht hat, ohne daß das ihm selbst wichtigste Werk, die »Völkerpsychologie«, eine verstehend-erklärende psychologische Analyse, dabei in Betracht gezogen wurde. Autoren wie Wellek, Lersch, Jaensch und andere haben dem Gegenstandsbereich der Psychologie immer wieder belletristische Literatur, Religion, Philosophie, Architektur und andere Gebiete eingegliedert. Unter dem Einfluß der amerikanischen Psychologie geriet dies mehr oder weniger in Vergessenheit. Auch die psychoanalytischen Versuche, die Hervorbringung bestimmter geistiger Produkte aus psychologischen Quellen zu erklären, gelangten, wie die gesamte Psychoanalyse, nicht wirklich an die deutschen Universitäten. Welchen Gewinn hätte eine solche mögliche Einbeziehung für den Psychologen (auch den künftig arbeitslosen)?

Ich denke, daß unser Fach trotz des blamablen Mangels an stichhaltigen Theorien doch zumindest spezifische und wichtige Aspekte der Betrachtung geistiger Gehalte bieten kann. Wer sich darunter nichts Rechtes vorstellen kann, der sollte den aufregend intelligent geschriebenen Band von Wellek »Witz. Lyrik. Sprache« (1970) lesen und sich davon anregen lassen. Er wird überrascht sein von der Themenvielfalt und der Gedankentiefe des Autors.

Wenn wir davon ausgehen, daß einige der Persönlichkeitstheoretiker und einige wenige Sozialpsychologen Theorien formuliert haben, die hilfreich sind, Motive und Handlungen von Menschen im Alltag zu erklären, dann könnte uns zum Beispiel die Beschäftigung mit guter Literatur einerseits Erläuterung und Verständnisklärung für solche Theorien bieten, andererseits würden uns psychologische Theorien helfen, bestimmte Charaktere in literarischen Werken besser zu verstehen.

Man findet zum Beispiel nicht leicht eine überzeugendere

Beschreibung des begabten hysterischen Psychopathen, als Thomas Mann sie im »Felix Krull« gibt; und wo könnte man die vielfältigen Verarbeitungen von Schuldgefühlen einleuchtender ausgearbeitet finden als bei Dostojewski? Zum Thema erzwungene Anpassung und Kampf um individuellen Spielraum entdeckt man bei Fontane bis Böll eine Reihe hervorragender Exempel, die alle geeignet sind, unsere Phantasie zu bereichern und Theorien mit lebendigen Bildern zu verbinden. Märchen und Sagen, Gedichte, Lieder und Prosa: Sie alle sind Zeugnisse und Darstellungen wichtiger psychischer Strukturen und typischer Verhaltensweisen.

Ich höre schon eine große Anzahl von Fachkollegen stirnrunzelnd und geringschätzig: »Na, und...?« sagen. Es sind solche, die – noch immer einem nomothetischen Wissenschaftsideal verhaftet – stur daran festhalten, daß sie mit ihrer »Klein-Klein-Forschung« (Jüttemann, 1983) im Intercity-Zug zur abgesicherten Prognose und wissenschaftlich fundierten Praxisbeihilfe sitzen. (Zur Begradigung dieses Irrglaubens: Wottawa, 1981; Bischof, 1981; Dörner, 1983 – allesamt respektable Vertreter der *scientific community* und nicht »leicht ausgeflippte Kliniker«, die ewigen Hanswurste des Faches!)

Wenn man aber nicht mehr nach »Gesetzen« im Sinne der Naturwissenschaften, sich selbst täuschend, Ausschau hält, sondern Regeln, Interpretationsschemata und spekulative Theorien sucht, wird man froh sein über möglichst gut durchdachte Einzelsituationen, wie die Belletristik sie aufweist, und wird lernen, sie zur Theorienbildung zu verwenden.

Die Belletristik insgesamt erscheint mir als ein idealerer Tummelplatz, um etwas über die feinen Verästelungen menschlicher Gefühls- und Geistestätigkeit zu lernen, als ihn persönlichkeitstheoretische Literatur wie Hall/Lindzey oder Maddi bietet.

Allerdings läßt die notorische »Allgemein-Unbildung« unserer modernen naturwissenschaftlich ausgebildeten Psychologie-Lehrer auch noch die banalste Theorie (»Austauschtheorie«, »Theorie des maximalen Reinforcement« etc.) als eine erhabene und elaborierte Einsicht besonders intelligenter Wissenschaftler erscheinen – so, als seien die diffizilen Beziehungsanalysen in den Romanen von Henry James oder Tolstoi noch nicht geschrieben. Um Mißverständnissen vorzubeugen: Die Formulierung gewisser Prinzipien menschlichen Verhaltens in abstrakter Sprache hat in manchem Kontext natürlich seine Berechtigung. Ihre Bedeutung erhält sie aber unter anderem auch sehr wesentlich dadurch, daß symbolische oder aktuelle Realitäten unter diesen Kategorien gut analysierbar sind und in eine verständliche Abfolge gebracht werden können. Literatur sollte daher immer wieder zum Prüfstein und zum Korrektiv von psychologischen Theorien gemacht werden, ebenso wie psychologische Theorien natürlich auch zur Kritik literarischer Werke herhalten können.

Auch die anderen Künste sind psychologischer Beachtung wert. Die skurril assoziierende Bildwelt der Surrealisten, die überscharfe Traum-Realität magischer Realisten – sie alle sind Ausdruck einer jeweils zu definierenden Einstellung zur Realität, die ihre Entsprechung in psychologischen Theoriebestandteilen haben sollte! Natürlich bedarf es einer stetig wachsenden Bildung, eines langen Prozesses der Aneignung von Kulturprodukten des eigenen wie fremder Länder, um die Wissenschaft der Psychologie in lebendige Beziehung damit bringen zu können. Doch wo hätte man schon gehört, daß es bei einem Hearing wichtig gewesen wäre, »Allgemeinbildung« zu besitzen, wo doch einzig und allein der gewandte Umgang mit dem SPSS(Statistical Program for Social Sciences)-Paket und das Wissen um die möglichst klare Abgrenzung von Versuchs- und Kontrollgruppe gefragt sind – und dies nicht nur bei Tutoren, sondern auch bei voll ausgereiften C 4-Professoren!

Psychologische Relevanz – sowohl in ihrer Entstehung als auch in ihrer Wirkung – haben auch andere Produkte menschlicher Geistestätigkeit: Religion, Philosophie, Soziologie. Um das Verständnis für diese Wissenschaften zu verfeinern, sollte jeweils auch der psychologische Aspekt herausgearbeitet werden. Philosophiegeschichte wäre zu begreifen auf dem Hintergrund und in Verbindung mit den jeweiligen anthropologischen Konzepten, die ein spezifisches Denken über Mensch, Natur und Welt erst ermöglichen. Diese Konzepte können mit spezifisch »psychologischen«, wie wir sie in den Theorien über die gestörte und die angepaßte Persönlichkeit finden, verglichen werden. Manches hysterische Modeprodukt des Psychomarktes würde dadurch rasch auf seinen »Kern« gebracht und in seinen persönlichkeitstheoretischen Implikationen als blasses Derivat einer längst überholten Denkfigur entlarvt. Die notorische Verführbarkeit unserer Psychologen durch aufregend klingende neue Therapienamen würde hoffentlich verringert, wenn sie sich bestimmter historischer Gegebenheiten bewußt würden. Die psychischen Bedürfnisse »des Philosophierenden« sowie die Funktion »des Philosophierens« für den einzelnen, die Verbindung von Alltagsphilosophie mit »offizieller« Philosophie: Das alles wären Themen, wohl geeignet, den Psychologen einzubinden in eine allgemeine Denktradition und ihn für seinen eigenen Aspekt der Weltbetrachtung – den psychologischen – zu sensibilisieren.

Die meisten Psychologen trauen sich selbst nichts zu, wenn es darum geht, die Funktion psychologischer Kategorien für interindividuelle Geschehnisse im Makrobereich zu mobilisieren. Dies gilt zum Beispiel für die Beschäftigung mit soziologischen Fragestellungen, bei denen allzu leicht davon ausgegangen wird, daß hier »individuell-psychologische« Kategorien nicht mehr »greifen«. Warum aber sollte man dem Phänomen der Macht etwa nicht auch durch eine psychologische Analyse der »Mächtigen« beikommen und das Problem von gesellschaftlicher Revolution und Evolution nicht vervollständigen durch eine Psychologie von Revolutionären und »Mitläufern«? Auch bei diesen Problemen kann selbstverständlich das Studium großer Romane dazu beitragen, den betreffenden Phänomenen auf die Spur zu kommen.

Religion als psychologisches Phänomen – immer wieder als etwas abseitiges Sonderfach betrachtet – ist gerade im Zeitalter der Sekten eine wichtige Quelle für Auskünfte über uns betreffende allgemeine Phänomene. Natürlich gibt es zu all diesen genannten Themen Literatur und Spezialisten. Sie sind jedoch rar und so gut wie nie in unsere normalen Curricula eingeplant. Der durchschnittlich ausgebildete Psychologe unserer Universitäten kann ohne all diese Kenntnisse mit hervorragenden Noten sein Diplom machen, da ja auch den meisten seiner akademischen Lehrer derartiges Wissen mangelt. Doch wer sich in der Tradition der Geisteswissenschaften ein wenig auskennt, der wird nicht in Versuchung geraten, eine solche umfassendere Art von Wissenschaft als oberflächlich, essayistisch oder intellektuell wenig anspruchsvoll zu beargwöhnen.

2. Psychologie als Möglichkeit, wesentliche Alltagsprobleme zu begreifen

Die defizitäre Rolle der Akademischen Psychologie als Hilfe zum besseren Verstehen von Alltagsproblemen wurde schon häufig beschrieben, kritisiert und lächerlich gemacht. In welchem Seminar hätte man nicht irgendwann mit belustigtem Staunen sogenannte empirische Studien zur Kenntnis genommen, in denen in gravitätischem Wissenschaftsstil festgestellt wird, daß signifikante Korrelationen bestehen zwischen dem Umfang des Wortschatzes von Eltern und Kindern oder daß mit zunehmender Bedeutung eines Freundes die Angst vor Verlust wächst. (Ganz abgesehen von den vielen Studien, die ganz offensichtlich irgendwelche Labor-Artefakte messen oder sich mit Problemen abgeben, die niemanden interessieren außer denjenigen Wissenschaftlern, die dafür Forschungsgelder einstreichen!)

Die jeden Menschen betreffenden »großen« Themen des menschlichen Lebens: Liebe, Tod, Trennung, Streit sind in

»unzerstückelter« Sichtweise bisher meist nur von Außenseitern der Psychologie (wozu man leider auch noch immer die Psychoanalytiker rechnen muß) wahrgenommen worden. Faßt ein akademischer Lehrer (meist sind es Assistenten) den Entschluß, einmal ein Seminar über ein solches Thema abzuhalten, dann steht er oft schon bei der Literatursuche ziemlich ratlos da. Sein Stichwort ist entweder gar nicht vertreten oder überfüllt mit banalen Ergebnissen zu Detailfragen. Großangelegte Theorien zum Phänomen der gelingenden oder mißlingenden Partnerschaft, zum Phänomen der Liebe oder der Todesangst sind selten und gelten häufig als wissenschaftlich »nicht satisfaktionsfähig«. Der Umgang mit eher »populären« Theorien (wie zum Beispiel der Kollusionstheorie von Willi, den Verführungstheorien von Alice Miller, der Sterbetheorie von Kübler-Ross oder der Midlife-crisis-Theorie von Sheehan u. a., um nur einige der neueren zu nennen!) wird in unseren Seminaren sehr selten gelehrt. Da sie nicht »wissenschaftlich abgesichert« sind, kann man sie höchstens als Kuriosum am Rande betrachten. Die meisten Studenten lesen diese Literatur jedoch wesentlich begieriger als die sogenannte »wissenschaftliche« – wenn auch offensichtlich mit dem nicht-akademischen Teil ihrer Persönlichkeit. Auch wenn ihnen schon längst klar ist, daß die »satisfaktionsfähigen« Theorien entweder Banalitäten oder Oberflächenphänomene aussagen und/oder daß die vor ihrer Formulierung durchgeführten Prozeduren (grundlegende Experimente, empirische Untersuchungen) in 90 Prozent aller Fälle das Phänomen selbst destruieren oder ein künstliches hervorbringen, empfinden sie doch noch immer eine gewisse Hochachtung vor solcherart erzeugten Ergebnissen der Wissenschaft Psychologie, wobei die meist rasch einsetzende Langeweile diese Hochachtung oft noch hebt. Im deutschen Wissenschaftsbetrieb sind nämlich Lust und Spaß schlecht zu vereinen mit ernster Denkarbeit!

Noch immer gibt es wesentlich umfassendere Überlegungen zu solch wichtigen psychologischen Problemen von philosophischer und soziologischer Seite als gerade von »typischen« Akademischen Psychologen. Und natürlich findet man, wie angeführt, ungemein tiefgründige Reflexionen und Darstellungen dieser Phänomene bei unseren großen Literaten und Philosophen. Diese müßten allesamt berücksichtigt werden, wobei die bisher erarbeiteten Kümmerergebnisse der Akademischen Psychologie im Kontrast dazu den ihnen zukommenden Raum gewinnen sollten. Unter der Hand würde hier wohl eine sinnvolle Methodendiskussion aufflammen: Man würde sich fragen müssen, in welcher Weise die in der experimentell-empirischen Psychologie übliche Kenntnisgewinnung von derjenigen »populärer« Theoretiker abweicht, welche Erkenntnismöglichkeiten zum Beispiel in der Reflexion des Einzelfalls stecken und welche Vorurteile gesellschaftlich-historischer Art die Interpretation der Daten jeweils dirigieren. Dies könnte (und sollte!) einmünden in den Versuch, einzelne Phänomene selbständig zu untersuchen, ohne daß dazu unbedingt der schwerfällig-knarrende Apparat von Forschungsgemeinschaften in Gang gesetzt werden muß. Dies aber heißt und sollte das Ergebnis von Seminaren und Projekten bilden, daß der unmittelbare Lebensraum, die eigene Erfahrung und die von Freunden sinnvoll befragt und reflektiert werden könnten. Die Unsitte, die Thematik eines Seminars oder eines Forschungsprojekts entlang einer Theorie und nicht entlang eines psychologischen Phänomens zu strukturieren, hat nicht nur bereits sehr viel Langeweile erzeugt – es hat auch viele falsche Theorien hervorgebracht.

Dies alles würde auch dem arbeitslosen Psychologen seine Wissenschaft lebendig erhalten, weil es ihn befähigte, das vorgefundene Leben selbst damit reflektierend zu verbinden. Manch einer würde dadurch vielleicht sogar angeregt, seine Gedanken schriftlich niederzulegen und eingebunden zu bleiben, wenn nicht in die *scientific community,* so doch in die Gemeinschaft schreibend-denkender Menschen mit einer verfeinerten Sensibilität für psychologische Prozesse.

Doch auch für den berufstätigen Psychologen würde, wie gesagt, eine solche Weise, an psychologische Phänomene heranzugehen, hilfreich sein. Die alte resignierende Aussage nach Beendigung des Studiums: »... hat mir für meinen Beruf so gut wie nichts gebracht...« muß doch um Himmels willen von den »Theoretikern« des Faches ernst genommen werden. Darüber endlos zu sinnieren, »wie Wissenschaft und Praxis zusammengebracht werden können«, bringt mit Sicherheit nichts ein, wenn das Wissenschaftsverständnis sich nicht radikal ändert.

3. Psychologische Strategien zur praktisch-kommunikativen Lebensbewältigung

Nicht wenige akademisch-psychologische Lehrer scheinen in ihrem Unvermögen zu praktischer Kommunikation eine Art »Markenzeichen« zu sehen dafür, daß es sich bei ihnen um die »wahren« Wissenschaftler handelt. Merkwürdigerweise hört man nämlich gar nicht selten diesbezüglich kokette Äußerungen über die eigene Zunft und die eigene Person: »Solch ein Basiskompetenzen-Kurs in Gesprächsführung könnte mir auch nicht schaden« oder: »Ihnen (als Therapeutin!) kann ich mit meinem Magengeschwür wohl gar keinen Eindruck machen...«, sowie Stoßseufzer im Sekretariat über die »schlechte Menschenkenntnis« der Kollegen, die ja »typisch für Psychologen« sei. Seit einiger Zeit empfinde ich solches als gar nicht mehr lustig, weil es nur allzu deutlich anzeigt, wie wenig ernst Psychologen sich selbst, ihre Wissenschaft und deren Anwendung nehmen. Oder wer hätte schon davon gehört, daß die Sitzungen in Psychologischen Instituten weniger entfremdet und heuchlerisch verliefen als anderswo? Seit wann gibt es dort mehr Suche nach den Motiven anderer oder bessere Einfühlung in die Bedürfnisse des Kollegen? Wenngleich sicher nicht jeder Pfarrer ein Vorbild an christlicher Nächstenliebe ist und nicht jeder Ethnologe einfühlsamen Kontakt mit Eingeborenen-

Stämmen findet: den Zynismus, auf ihr Unvermögen auch noch stolz zu sein, bringen wohl die wenigsten auf. An manchen Universitäten gibt es kleine und meist verachtete Enklaven der Kliniker, wo man psychologische Überlegungen über Studenten und Kollegen noch der Mühe für wert hält. Fast immer sind sie von lernwilligen Studenten überlaufen, worauf Diffamierungskampagnen der anderen Abteilungen nicht lange auf sich warten lassen. Verachtung für Therapie, Psychoboom, Encountergruppen und ähnliches ersetzt dann die kritische Einsicht, daß im Anwendungsfeld bisher doch schon einiges zur Verbesserung der Kommunikationsfähigkeit geleistet wurde. Erst dies aber setzt dem Psychologiestudium sozusagen das »Glanzlicht« auf. Häufig wird hier erstmals ein Gefühl für die berufliche Identität als Psychologe gewonnen. Daß dies der einzige Teil der Ausbildung ist, den berufstätige Psychologen später als »sinnvoll« empfinden, ist bekannt. Gerade das macht ihn offensichtlich den Vertretern der erhabenen Akademischen Psychologie so verdächtig!

Ich denke mir, daß auch der nicht berufstätige Psychologe davon viel profitieren kann. In Selbsthilfegruppen, Hobbyzirkeln und Diskussionsrunden werden kommunikative Kompetenzen sehr gefragt sein, und wenn wir uns die Freizeit des arbeitslosen und/oder »jobbenden« Akademikers nicht als ödes Fernseh-Nichts vorstellen wollen, dann werden ihm wohl gerade solche Aktivitäten Sinn bringen. Hier kann man sich sogar berufliche Tätigkeiten im engeren Sinne vorstellen, wo jemand zwar nicht als Vollzeit-Psychologe arbeitet, wo es aber doch immer wieder interessante Aufgaben beispielsweise im Sektor Erwachsenenbildung oder auch im erweiterten klinischen Bereich (Selbsthilfe-Gruppen) geben kann. Es bleibt Raum für viel Innovatives – und daß dies auch immer wieder hinterfragt wird, sollte eine psychologische Ausbildung gewährleisten.

Was aber soll nun mit den geheiligten Methoden geschehen – dem gefürchteten Zentrum der wissenschaftlichen Gralshüter, das häufig im Rang sogar gleichgesetzt wird mit reiner Statistik? Es ist mehrfach klargemacht worden, daß die als Horrorshow sich gebenden »reinen« Statistik-Seminare – Nachfolger des gefürchteten Mathe-Unterrichts in der Schule – am besten dadurch entneurotisiert würde, daß man sie in Projekte einbaute und mit anderen, für die Psychologie *wesentlich wichtigeren Methoden* fallspezifisch lehrte. Da ich der Meinung bin, daß statistische Methoden den Gegenstand der Psychologie in den meisten Fällen verfehlen, finde ich es falsch, von ihnen allzu viel Aufhebens zu machen.

Auch ich bin der Ansicht, daß »harte Daten« in der Psychologie wichtig sind. Die dazugehörigen statistischen Methoden sind meist nicht sehr schwer zu erlernen. Unsere verfeinerten (und schwerer zu erlernenden) Methoden dagegen haben schon so viel Unfug an Datengenerierung und -verzerrung gebracht, daß man sie besser anhand spezifischer, geeigneter Probleme (diese werden selten sein) in Spezialseminaren für Studenten, die dafür ein ausgeprägtes Sensorium haben, lehren sollte. Die Allgemeinheit der Psychologiestudenten sollte man damit nicht belasten. Anders steht es natürlich mit den (psychologieadäquateren) Methoden der qualitativen Herangehensweisen. Ich verbürge mich allerdings dafür, daß diese den meisten Studenten weder Schrecken noch Ärgernisse bereiten werden. Auch wenn sie nicht leichter zu handhaben sind – so gewähren sie doch eher Einsicht in den Untersuchungsgegenstand.

Ein im wesentlichen falscher Weg, sich als Wissenschaftler der menschlichen Seele zu bemächtigen, wird durch Weitergabe der immer selben Methoden (eventuell noch: verfeinert!) natürlich nicht richtiger. Not tut eine radikale Umkehr. Erst die Besinnung auf das, was Menschen mit diesem Studium außerhalb der oft eigens in Hinblick auf das Studium geschaffenen Berufsfelder (die vielen Forschungsprojekte zum Beispiel) anfangen können, konfrontiert uns mit der Tatsache, daß die akademische Wissenschaft vom zentralen und bedeutendsten Bereich des Menschen uns – fast – nichts bringt. Eine absurde

Situation, ein geistiger Schildbürgerstreich! Daß diese Art der Seelenbetrachtung durch Lehrstühle, Geräte, Institute und Curricula seit ca. fünfzig Jahren immer weitere Verbreitung findet, empfinde ich als bemerkenswertes Kuriosum der Wissenschaftsgeschichte und halte es nurmehr als solches für interessant.

Literatur

Bischof, N.: Aristoteles, Galilei, Kurt Lewin – und die Folgen. In: Michaelis (Hrsg.): Bericht über den 32. Kongreß der DGfP. Göttingen 1981

Dörner, D.: Empirische Psychologie und Alltagsrelevanz. In: Jüttemann, G. (Hrsg.): Psychologie in der Veränderung. Weinheim 1983

Jüttemann, G.: Psychologie am Scheideweg: Teilung oder Vervollständigung. In: Jüttemann, G. (Hrsg.): Psychologie in der Veränderung. Weinheim 1983

Lersch, Ph.: Der Mensch als Schnittpunkt. München 1969

Thomae, H.: Psychologie in der modernen Gesellschaft. Hamburg 1977

Wellek, A.: Witz. Lyrik. Sprache. Beiträge zur Literatur- und Sprachtheorie mit einem Anhang über den Fortschritt der Wissenschaft. Bern 1970

Wottawa, H.: Allgemeine Aussagen in der psychologischen Forschung: eine Fiktion. In: Michaelis (Hrsg.): Bericht über den 32. Kongreß der DGfP. Göttingen 1981

Nachweis der Erstveröffentlichung:

Der Workaholic – Realität oder Modewort? Erschienen in: FAZ-MAGAZIN, Heft 319, 1986

Wenn Menschen mit Maschinen sprechen... In: RADIUS, 3/1985

Psychologie und moderne Moral. Erschienen in: Frankfurter Hefte extra, 6/1984

Akademische Psychologie – ein geistiger Schildbürgerstreich. Erschienen unter dem Titel »Macht die Psychologie (wieder) interessant!« in: Psychologie heute, 4/1984, S. 64ff.

Eva Jaeggi / Walter Hollstein

Wenn Ehen älter werden
Liebe, Krise, Neubeginn
4. Aufl., 27. Tsd. 1986. 311 Seiten. Kt.

Die Autoren beschreiben in ihrem Buch, das auf mehr als 100
Erfahrungsberichten beruht, Liebe und Trennung in der
Partnerschaft von Frau und Mann. Läßt sich das Außergewöhnliche
der Liebe mit dem Gewöhnlichen des Alltags verbinden? Im
Gegensatz zu vielen pessimistischen Stimmen betonen die Autoren
die konstruktiven Elemente von Partnerschaft, ohne ihre
Schwierigkeiten zu übergehen. Ein Buch zu einem zentralen
Thema unserer Zeit.

»Spannende Falldarstellungen und Problemskizzen werden in
einen interessanten Kontext der gesellschaftlichen Entwicklung von
Partnerschaft zwischen den Geschlechtern gestellt. Die flüssig
dargestellten historischen Bezüge zu Liebe, Bindung, Partnerschaft
vermitteln dem partnerschafts-erfahrenen Leser eine Fülle von Aha-
Erlebnissen. Die Gliederung des Buches ist logisch und lebensnah.
Der Leser läßt sich gerne führen.«   Bild der Wissenschaft

»Eva Jaeggi und Walter Hollstein haben ein Buch geschrieben, das
vor allem Betroffene mit Gewinn lesen werden.«
                              Frankfurter Allgemeine Zeitung

»In der Flut zeitgenössischer Psychologieliteratur findet sich ab und
zu eine Perle: ›Wenn Ehen älter werden‹ von der Psychotherapeutin
Eva Jaeggi und vom Soziologen Walter Hollstein ist eine.« Annabelle

PIPER